La nuova diagonale

143

Lanfranco Caminiti

Chistu nun è nu romanzu

I Fasci siciliani dei lavoratori (1892-1894)

Sellerio editore
Palermo

e-mail: info@sellerio.it
www.sellerio.it

Questo volume è stato stampato su carta Arena Ivory Smooth prodotta dalle Cartiere Fedrigoni con materie prime provenienti da gestione forestale sostenibile.

Caminiti, Lanfranco ‹1949›

Chistu nun è nu romanzu : i Fasci siciliani dei lavoratori (1892-1894) / Lanfranco Caminiti. - Palermo: Sellerio, 2025.
(La nuova diagonale ; 143)
EAN 978-88-389-4823-7.
331.889458 CDD-23 SBN Pal0384026

CIP – *Biblioteca centrale della Regione siciliana «Alberto Bombace»*

Indice

«Piazze di Sicilia dove dunque sembra restare indelebile il sangue delle vittime della repressione del potere, e inestinguibile il grido oscuro dei senzaterra in rivolta; eventi su cui il romanzo storico siciliano continuamente ritorna, come se non fossero un definitivo accaduto di quelle piazze, ma un inesauribile e irrisolto accadere nella coscienza e nella storia dei siciliani».

MARIA ATTANASIO, *Della città d'argilla*

I
Il principio e la fine

«Venite al Fascio, c'è inscritta anche la Regina!».

La gente che a Palermo, la domenica del 4 dicembre 1892, passava nelle prime ore del pomeriggio per la vecchia via Toledo, ora da un trentennio Vittorio Emanuele, nel tratto che da porta Felice per il *Cassaro morto*, come era chiamato popolarmente, andava oltre piazza Marina fino ai Quattro Canti, assisteva ad uno spettacolo piuttosto nuovo. Circa un migliaio di operai fra meccanici, tipografi, tessitori, falegnami, pastai, sarti, fabbri, calzolai e lavoratori di altre categorie, muovevano in corteo accompagnati dalla banda cittadina e, lasciandosi dietro il grande arco azzurro del mare, dal Foro Italico si dirigevano per il *Cassaro* dietro i gonfaloni delle dieci principali sezioni del Fascio dei lavoratori. Ogni gruppo portava un cartello a stampa. Sorretti da lunghe aste di legno quei cartelli variopinti recavano motti, probabilmente mai prima d'allora comparsi, o almeno così insieme e in questa forma, sotto gli occhi di tutti, alla testa di una «pubblica passeggiata», come si chiamavano allora quelle dimostrazioni. I cartelli dicevano: «Lavorare per vivere e non vivere per lavorare»; «La solidarietà è la difesa dei popoli»; «Dove non vi è uguaglianza la libertà è un inganno». E ancora: «Il prodotto del lavoro deve essere del produttore»; «Otto ore di lavoro». Ed esortavano: «Organizziamoci e conquistiamo il potere; Lavoratori facciamoci animo, l'avvenire è per noi; Viva il Fascio dei lavoratori».[1]

* * *

Al censimento del 1891, a Macchia, frazione del comune di Giarre, vivevano duemilaquattrocento anime. Settantasei di loro si riunirono la sera del 30 aprile del 1893 e fondarono il Fascio dei lavoratori.

Erano: l'avvocato Cucinotta Cosimo di Nunzio, anni 30 – che fu eletto presidente; Parisi Salvatore di Giuseppe anni 35, spezzapietre – vice presidente; Parisi Filippo di Michele anni 35, industrioso – vice presidente; Livadia Leonardo fu Alberto anni 35, calzolaio – gonfaloniere; Bonaccorsi Salvatore di Sebastiano anni 30, muratore – vice gonfaloniere; Contarino Giacomo fu Giovanni anni 35, falegname – cassiere; Russo Michele di Pietro anni 20, sensale – segretario; Raciti Carmelo fu Venerando anni 35, falegname – vice segretario.

E ancora: Arizzi Mario fu Giuseppe anni 58, capraio; Parisi Matteo fu Giuseppe anni 52, spezzapietre; Parisi Vito di Mariano anni 36, vetturale; Lizzio Antonino fu Rosario anni 34, segatore; Russo Alfio di Michele anni 38, sensale; Russo Vincenzo di Michele anni 35, sensale; Russo Ignazio di Michele anni 37, fuochista; Sorbello Giuseppe di Gaetano anni 44, vetturale; Catalano Vito fu Ignazio anni 40, calzolaio; Barbagallo Giuseppe fu Antonino anni 30, carrettiere; Maugeri Giuseppe fu Mariano anni 30, carrettiere; Barbagallo Mariano fu Antonino anni 24, carrettiere; Ragonese

[1] Salvatore Francesco Romano, *Storia dei Fasci siciliani*, Laterza, Bari, 1959: Archivio di Stato di Palermo, Prefettura, Gabinetto, 1893, cat. 16, f. 3; Passeggiata del sodalizio Fascio dei lavoratori, Riservate del Questore al Prefetto, n. 6935 del 2 dicembre 1892 e n. 7013 del 4 dicembre 1892.

Lucio fu Luciano anni 50, fabbroferraio; La Rosa Salvatore di Giuseppe anni 19, calzolaio; Bonanno Rosario di Giuseppe anni 44, fabbroferraio; Bonanno Orazio fu Luciano anni 40, industrioso; Cristaldi Francesco fu Rosario anni 36, spezzapietre; Cristaldi Venerando fu Rosario anni 38, spezzapietre; Patanè Giovanni fu Giuseppe anni 50, sensale; Carbone Ignazio di Nicolò anni 45, calzolaio; Sorbello Antonino di Vito anni 25, bracciante; Parisi Vito fu Salvatore anni 55, vetturale; Cavallaro Giovanni di Francesco anni 32, muratore; Cavallaro Francesco di Giovanni anni 52, muratore; Cavallaro Giuseppe di Giovanni anni 50, muratore; Cavallaro Filippo di Salvatore anni 28, segatore; Vecchio Angelo fu Giovanni anni 40, manovale; Leonardi Salvatore di Mariano anni 35, bracciante; Trombetta Paolo fu Pietro anni 44, tabacchino; Scalia Sebastiano di Salvatore anni 30, manuale; Vadalà Vito fu Rosario anni 25, manuale; Cavallaio Francesco fu Cosimo anni 30, bracciante; Costa Antonino fu Santo anni 32, possidente; D'Aquino Giuseppe di Leonardo anni 24, contadino; Guarrera Giuseppe di Vincenzo anni 28, lattaio; Contarino Alfio fu Giovanni anni 30, falegname; Contarino Angelo fu Giovanni anni 25, falegname; Patanè Francesco fu Giuseppe anni 47, segatore; Patanè Giuseppe di Francesco anni 20, segatore; Caltabiano Sebastiano fu Marcantonio anni 19, spezzapietre; Moschella Antonino anni 17, calzolaio; Bella Antonino di Salvatore anni 30, calzolaio; Tomarchio Alfio di Sebastiano anni 28, fruttivendolo; Calabretta Giuseppe fu Michele anni 52, spezzapietre; Calabretta Salvatore fu Michele anni 50, spezzapietre; Calabretta Giuseppe di Giuseppe anni 26, spezzapietre; Calabretta Michele di Salvatore anni 28, spezzapietre; Zinghirino Ignazio fu Mariano anni 40, sensale; Strano Sebastiano fu Andrea anni 50, manuale; Cantarel-

la Antonino di Michele anni 40, spezzapietre; Messina Filadelfo fu Giuseppe anni 48, suonatore di tamburo; Messina Rosario fu Giuseppe anni 44, bracciante; Parisi Salvatore di Giuseppe anni 40, vetturale; Pappalardo Giuseppe anni 50, contadino; Guarrera Vito di Salvatore anni 35, manuale; Foti Rosario di Antonio anni 28, carrettiere; Di Bella Michele di Agostino anni 34, calzolaio; Raciti Gaetano di Salvatore anni 32, bracciante; Raciti Gaetano di Michele anni 27, sarto; Raciti Pietro di Michele anni 25, barbiere; Rapisarda Orazio fu Pietro anni 38, falegname; Calì Carmelo fu Salvatore anni 27, manuale; Calì Giuseppe fu Salvatore anni 38, manuale; Calì Giovanni fu Salvatore anni 30, calzolaio; Bonaccorsi Michele di Sebastiano anni 43, muratore; Cardillo Giuseppe di Vincenzo anni 30, industrioso; Parisi Giovanni fu Giovanni anni 44, spaccapietre; Lo Castro Filippo di Rosario anni 23, manuale.
Tutti di Macchia meno del Morchella che era nato a Fiumefreddo.
Il giorno dopo, con il loro gonfalone, manifestarono per il Primo maggio per le vie del paese.

* * *

STATUTO
DEL FASCIO DEI LAVORATORI DI CIANCIANA
Girgenti, Ufficio Tipografico Formica e Gaglio, 1893

Costituzione e scopo

Art. 1. È costituito in Cianciana un Fascio di lavoratori, che si propone il miglioramento delle classi bisognose, con graduale e legittima attuazione di un nuovo sistema sociale, informato alle idee di vera libertà ed uguaglianza.

Art. 2. Per conseguire nell'attualità questo scopo, il Fascio tende alla riunione di tutti i lavoratori della città e della campagna, che, compatti in un vincolo di solidarietà, avranno:

a) L'istruzione della mente, per mezzo di scuole e di conferenze;

b) Il mutuo soccorso, che provvede gratuitamente al mantenimento e all'assistenza medica nelle malattie;

c) L'assicurazione collettiva, che, mediante una contribuzione individuale dei soci, di 50 centesimi, darà diritto alla famiglia del socio defunto a quella somma che nel modo cennato sarà raccolta;

d) Le cooperative di consumo e di lavoro che combattono le illecite speculazioni sui generi di prima necessità e sulla mano d'opera.

Inoltre il Fascio, disponendo di tutte le forze dei lavoratori, stabilisce la misura del salario e le ore del lavoro, in maniera che l'operaio abbia da vivere senza stenti e trovi il tempo di educare sé ed i suoi.

In fine, il Fascio, quando le occasioni lo permetteranno, piglierà parte alle lotte elettorali con candidati proprî.

Art. 3. Per lo scopo che si propone, il Fascio di Cianciana aderisce al programma votato dal Congresso di Palermo del maggio 1893, e s'iscrive tra le sezioni del Partito dei Lavoratori Italiani.

Dei socii

Art. 4. Possono fare parte del Fascio gli operai di qualsiasi mestiere e quanti han mostrato di avere a cuore la redenzione delle classi lavoratrici purché abbiano compiuta l'età di 16 anni e non superata quella di 65.

Art. 5. È vietato essere soci:
a) Agli impiegati governativi, provinciali, comunali, e d'altre pubbliche amministrazioni; a meno che non siano fondatori del Fascio;
b) Agli appaltatori;
c) Ai pregiudicati e ai condannati ad una pena infamante o restrittiva della libertà personale per oltre tre anni; beninteso che si siano riabilitati, tenendo una condotta irreprensibile, il divieto è tolto;
d) A quei che hanno tradito lo scopo del Fascio, o del partito in cui il Fascio è schierato, o che si siano resi, in qualsiasi modo, indegni della pubblica stima.
Art. 6. Per l'ammissione nel Fascio bisogna fare domanda al Presidente Generale, il quale esaminerà insieme al Consiglio Direttivo se chi vuol essere socio abbia le qualità richieste dallo Statuto.
In caso affermativo la domanda sarà trasmessa al Presidente della Sezione, nella quale dovrebbe essere iscritto pel suo mestiere il candidato.
L'assemblea della sezione si potrà occupare della domanda d'ammissione dopo otto giorni che è stata affissa nel locale del Sociale, e il candidato sarà ammesso, se avrà riportato la maggioranza dei voti dei presenti, secondo il disposto dell'art. 15.
Art. 7. Tutti i socî indistintamente pagano al cominciare di ogni mese una retta di centesimi cinquanta, oltre ad una tassa d'entrata che sarà per tutti di L. 1.
Art. 8. Il socio che non paga per tre mesi consecutivi sarà cancellato dallo elenco degli iscritti, se invitato a mettersi in regola, non lo farà entro otto giorni.
Art. 9. Saranno soggetti ad una riprensione, fatta dal Presidente Generale, quei socî i quali non tengono nel locale della Società un contegno corretto.
Se un socio terrà fuori il Sodalizio una condotta riprovevole, per qualsiasi causa, gli verrà inflitta dal Consi-

glio Generale una sospensione che dai quindici giorni potrà estendersi ai due mesi.
La sospensione consiste nel privare il socio del diritto di frequentare il locale del Fascio, e nella temporanea decadenza dai benefici sociali.
Art. 10. Saranno espulsi i socî i quali commetteranno quelle colpe, per cui, secondo l'art. 4 dello Statuto, è vietata l'ammissione.

Consiglio direttivo

Art. 11. Il Fascio ha un Presidente Generale, due vice-Presidenti, un Segretario, due vice-Segretarii, un Cassiere, un Ragioniere e dodici Consiglieri, in modo che ogni sezione abbia un rappresentante; e se le sezioni crescono, si aumenterà il numero dei consiglieri. Costoro formano il Consiglio Direttivo ed i consiglieri sono di diritto revisori dei conti.
I membri di esso durano in carica due anni e possono essere rieletti, la metà però del Consiglio Direttivo sarà rinnovata ogni anno a settembre.
Nel primo anno i membri da scadere saranno estratti a sorte.
Art. 12. Il Consiglio Generale decide quando v'è almeno la maggioranza dei suoi componenti.
A parità di voti quello del presidente è preponderante.
Art. 13. Il Fascio è rappresentato, amministrato e diretto dal Consiglio Generale, il quale alla fine di ogni mese farà presentare dal cassiere i conti all'Assemblea generale.

Assemblea generale

Art. 14. Tutti i socî del Fascio formano la Assemblea generale, la quale si riunisce in seduta ordinaria una

volta al mese e straordinariamente quando lo creda il Presidente o il Consiglio Direttivo, o lo chiedano 40 socî.
Art. 15. L'Assemblea Generale si occupa degli interessi generali del Fascio e nella prima convocazione le sue sedute non sono legali se non v'è la maggioranza dei socî iscritti; nella seconda convocazione basta il terzo degli iscritti, nella terza almeno quaranta. Le deliberazioni si pigliano con la metà più uno dei voti dati presenti.
Art. 16. L'Assemblea non può discutere che su quelle questioni che si trovano iscritte all'ordine del giorno; a meno che gli intervenuti, con apposita deliberazione, non ne riconoscano l'urgenza.

Sezioni

Art. 17. Il Fascio è diviso per arti e mestieri, che ne costituiscono tante sezioni.
Art. 18. Per costituire una sezione si richiedono almeno 20 socî dello stesso mestiere.
Art. 19. Ogni sezione elegge un Presidente, un vice-Presidente, un Segretario e quattro Consiglieri, i quali non possono far parte del Consiglio Direttivo, e le sue assemblee, costituite nel modo detto per l'assemblea generale, si occupano esclusivamente degli interessi speciali e degli affari relativi al proprio mestiere.
Art. 20. Il Presidente Generale può intervenire alle sedute delle sezioni e avervi voto consultivo.
I socî delle altre sezioni possono assistere alle sedute, in cui interverrà senza alcun voto il Segretario od un vice-Segretario del Consiglio Direttivo, nel caso che manchi il segretario della sezione.
Art. 21. I socî che non potranno formare una sezione speciale, per mancanza di numero, si aggregheranno tra loro in una sezione mista.

Art. 22. Il Fascio ha una fanfara.
Art. 23. Ogni socio dovrà uniformarsi al presente Statuto, difendere l'onore sociale come il proprio, assistere ed aiutare i proprii compagni in qualsiasi occasione.
Art. 24. Il presente Statuto non potrà essere modificato se non dopo un anno dalla sua approvazione; dopo la quale si faranno dei regolamenti per le discussioni, per il mutuo soccorso, per l'assicurazione collettiva, per le scuole e per la fanfara.

* * *

Relazione a S. M. il Re, del Presidente del Consiglio dei Ministri, nell'udienza del 3 gennaio 1894, sul decreto che dichiara in istato d'assedio tutte le provincie della Sicilia.

SIRE, Le condizioni della Sicilia per effetto di deplorevoli negligenze degli ultimi tempi, sono divenute così gravi, che i provvedimenti ordinari non bastano. Plebi ignoranti ed illuse, condotte da individui rotti ad ogni delitto, han portato il disordine in varii luoghi, commettendovi saccheggi, incendi, assassinii e rapine. Vuolsi eccezionale rimedio, come eccezionale è la malvagia azione dei nemici della patria nostra.
È ormai evidente che il moto, surto in parecchi comuni ed accennante ad estendersi, metta capo ad un Comitato dirigente, il quale abusando delle garanzie costituzionali, si riunisce palesemente in Palermo.
Importa ad ogni costo ristabilire l'impero della legge. A ciò i mezzi adoperati finora sono insufficienti, e, lasciando al Parlamento di soddisfare con leggi salutari le legittime esigenze delle popolazioni, bisogna oggi un'azione pronta e diretta per ridare alla patriottica isola quella pace, alla quale ha diritto, e che è tanto necessaria alla Vita normale di un paese civile. Cotesta azione

la invocano i cittadini di ogni ordine; ed il Vostro Governo non può più esitare.

Pertanto il Consiglio del Ministri propone alla firma di V. M. il seguente decreto, col quale è dichiarato in tutte le Provincie della Sicilia lo stato d'assedio.

Il Presidente del Consiglio dei Ministri

CRISPI

* * *

Il Tenente Generale, Comandante il XII Corpo d'Armata e Reggente la Prefettura di Palermo rende noto il seguente decreto

UMBERTO I

per grazia di Dio e per volontà della Nazione RE D'ITALIA

Sulla proposta del Consiglio dei Ministri, Abbiamo ordinato ed ordiniamo quanto segue:

Art. 1.

Le Provincie della Sicilia sono dichiarate in istato di assedio.

Art. 2.

Il tenente generale Roberto Morra di Lavriano e della Montà, Comandante il XII Corpo d'Armata, è nominato Nostro Commissario straordinario con pieni poteri. Tutte le Autorità civili e militari sono poste sotto l'immediata di lui dipendenza. Ordiniamo che il presente decreto, munito del sigillo dello Stato, sia inserito nella Raccolta ufficiale delle leggi e dei decreti del Regno d'Italia, mandando a chiunque spetti di osservarlo e di farlo osservare.

Dato a Roma, 3 gennaio 1894.

UMBERTO

CRISPI

BLANC

CALENDA
SONNINO
MOCENNI
MORIN
BACCELLI
SARACCO
BOSELLI
FERRARIS

In virtù di tale decreto, il Tenente Generale sottoscritto assume da oggi i pieni poteri su tutta l'Isola e mentre si riserva di emanare quegli altri provvedimenti che, a seconda della circostanza, reputerà necessarii dispone fin da ora che siano applicabili gli articoli 246, 251 e 546 del vigente Codice penale per l'Esercito.
Tutte le autorità tanto civili che militari daranno, nel limite delle loro attribuzioni, esecuzione al presente decreto.

Palermo, 5 gennaio 1894.
IL TENENTE GENERALE
REGIO COMMISSARIO STRAORDINARIO
R. MORRA

* * *

Oggetto: Scioglimento del fascio di Pietraperzia.
L'anno 1894 il giorno 16 del mese di gennaio in Pietraperzia.
Noi Macaluso Nunzio Delegato di P.S., Tangareggi Romualdo Maresciallo dei R. Carabinieri e sottoscritto Agente dichiariamo che oggi stesso, in seguito a decreto dell'Ill.mo Sig. Prefetto della Provincia emesso il giorno corrente e trasmesso a Noi delegato con nota del giorno 14, ci siamo recati nel locale del fascio dei lavoratori di questo comune sito nella via Barone Tortori-

ci, ed abbiamo proceduto allo scioglimento del cennato sodalizio.
Dei membri del fascio nessuno era presente perché i capi sono stati arrestati, e degli altri socii alcuni sono sottoposti a mandato di cattura ed altri sono irreperibili per timore di essere arrestati a causa della sommossa del 1° corrente.
Entrati nel locale che componesi di due vani, abbiamo proceduto ad una perquisizione ed abbiamo rinvenuto:
1. Una bandiera rossa con iniziali di S.d.F.L.
2. Diverse coccarde e sciarpe rosse nonché una tendina rossa
3. N. 4 tabelle di latta con la iscrizione «Viva il socialismo»
4. Una tabella a stampa contenente l'elenco delle organizzazioni socialiste in Sicilia
5. Diversi cartolarii contenenti nomi di socii
6. Il timbro del fascio con cassetta di legno
7. Diverse copie dello Statuto del sodalizio
8. I ritratti di Mazzini, Garibaldi e De Felice
9. Lo stemma con la scritta: Fascio dei Lavoratori
10. La somma di Lire due e centesimi trenta che sono state consegnate mediante ricevuta al falegname Giarrizzo Calogero quale importare del catenaccio comprato e mano d'opera prestata per aprire e chiudere la porta
11. N. 38 sedie
12. Due tavoli di legno
13. Tre lumi a petrolio
14. Una panca di legno
15. N. 6 quartare di creta
16. Una gàvita di muratore
17. Un recipiente per acqua
18. Tre cannate pure per acqua
Nessuna lettera o documento importante fu rinvenuto.
Abbiamo proceduto al sequestro di tutti gli oggetti so-

pradescritti che vennero depositati in questa caserma dei 21. R. Carabinieri in attesa di ordini del Sig. Prefetto per la loro definitiva destinazione.
La chiave del locale è stata consegnata al proprietario.
Di quanto sopra si è redatto il presente verbale che viene da noi sottoscritto.

Bruno Benedetto Carabiniere
Puttomato Aldo Carabiniere
Macaluso Benedetto Carabiniere
Vettore Emidio Carabiniere
Girala Angelo Carabiniere
Sciaba Domenico Carabiniere
Tangareggi Romualdo Maresciallo
Nunzio Macaluso Delegato

Per copia conforme
Il Delegato N. Macaluso

II
La crisi

«Infelici noi lavoriamo oggi per la mercede di trent'anni orsono».

SALVATORE CAGLIARI, operaio meccanico

La condizione economica[2]

Grave, gravissima è, in linea generale, la condizione delle plebi agricole della Sicilia. Non è già la stessa da per tutto nell'isola; anzi è proprio rimarchevole che in paesi non distanti sia spesso una differenza relativamente grande di salari e di patti agrari. Il grande attaccamento del contadino al luogo dove è nato, la mancanza di attività, la difficoltà delle comunicazioni rendono generalmente rare quelle migrazioni interne di lavoratori, che ristabiliscono l'equilibrio. S'intende che sono meno rare nei luoghi dove migliore è la viabilità, come ragioni speciali di maggiore urgenza economica le rendono più attive nelle regioni montuose, donde spesso i contadini scendono per il lavoro nelle vallate. I picconieri, in questo senso, sono molto più attivi degli agricoltori, i quali superano quasi sempre anche in intelligenza, indipendenza e ardire. È adottabile, in tale materia con alcune dichiarazioni, la distinzione del Sonnino, relativa alla Sicilia, in due grandi zone, una alberata, l'altra a cereali, ai fini di una approssimativa distinzione delle condizioni economiche dei contadini. È adottabile, perché offre segni appariscenti più mar-

[2] Enrico La Loggia, *I moti di Sicilia*, «Giornale degli economisti», Serie seconda, Anno V, vol. VIII, Roma, fascicolo del 1° marzo 1894.

cati di qualsiasi altra, anche più esatta, quale sarebbe per es. la distinzione sulla base dell'accentramento della proprietà fondiaria. I quali criteri del resto quasi sempre combaciano, la zona alberata normalmente presentando una suddivisione di proprietà, che normalmente invano si cerca nella zona a cereali, nella quale predomina il latifondo. Geograficamente la prima zona, spezzata, frastagliata, irregolare, con numerose diramazioni come con numerose rotture, corre dalla marina da Trapani a Mazzara per Castellammare, Alcamo, Partinico, Carini, Conca d'oro, Bagheria, Misilmeri, Termini, Castelbuono, S. Mauro, S. Stefano, Patti Castroreale, Barcellona, Milazzo e Messina; scende da Messina per Linguaglossa ed Acireale ad Adernò, Paternò e Catania; e fa delle puntate a Siracusa. La seconda, più vasta (3/4 della Sicilia!) e intanto egualmente complessivamente popolata, più massiccia, comprende quasi tutta la provincia di Trapani, meno la marina da Trapani a Mazzara; la provincia di Palermo, meno le parti indicate come appartenenti alla prima zona; nella provincia di Messina il circondario di Mistretta, parte di quello di Castroreale; nella provincia di Catania, i circondari di Nicosia e di Caltagirone; nella provincia di Siracusa il circondario di Modica, con altri centri minori, e quasi per intero le provincie di Caltanissetta e Girgenti. Nella prima zona i contadini stanno notevolmente meglio; di che la ragione vuole essere trovata in questo: che l'albericoltura, come una forma di cultura intensiva, richiede maggiore forza di lavoro, che, quindi, *ceteris paribus*, vi è più apprezzata; inoltre dà un reddito netto maggiore, per il quale il proprietario offre minore resistenza alle domande dei lavoratori; inoltre, come accompagnantesi alla suddivisione della proprietà, vi accompagna altresì all'esistenza di una classe di contadini-proprietari, i quali, non stretti da un bisogno troppo urgente, meglio si trovano nella lotta per la determinazione del prezzo del lavoro, e mantengono più sostenuto il mercato, con vantaggio anche degli altri contadini non proprietari. S'intende, subito, che vi sono ragioni aberranti. I noccioleti, i pistacchieti, gli uliveti, i mandorleti, richiedono cultura minore degli agrumeti, delle vigne, etc.; e corrispondentemente differiscono i salari. (Così Tortorici, Raccuja, Ucria, S. Salvatore, Galati, S. Angelo Brolo, perché vi predomina il noccioleto, si trovano in condizioni sensibilmente peggiori dei vicini paesi Naso, Patti, Santa Agata Militello). Influisce altresì l'eccentricità del paese (Cattolica Eraclea, dove pure la proprietà è divisa, ha salari bassissimi), la mancanza di vie, la tradizione, che giuoca un'influenza non disprezzabile nella nostra isola. Ma, in linea generale, la distinzione può stare. Le condizioni economiche delle due zone sono rilevabili dall'altezza dei salari dei giornalieri, i quali, come si comprende, normalmente sono proporzionali alle condizioni degli altri lavoratori, salariati ad anno e ad estaglio, e mezzadri, piccoli fittaioli, metatierj etc. I salariati ad anno stanno meglio dei salariati a giornata, perché influiscono la maggiore capacità, o la maggiore domesticità col proprietario – spesso maggiore servilismo – o la maggiore attività o la maggiore onestà, o insieme tali requisiti. Ma sono troppo pochi per desumerne lo stato economico delle plebi agricole. I mezzadri e i fittaioli erano un tempo in condizioni molto migliori dei giornalieri; ma, dacché ogni contadino volle elevarsi al grado di borghese, ed aumentò la richiesta delle terre in fitto o in mezzadria, i patti agrari peggiorarono talmente, che il borghesato andò subito in rovina e i contadini vi perdettero spesso le loro casette e le loro tenute. Anzi ho inteso dei proprietari, appunto per questo, riversare sui lavorato-

ri la responsabilità della loro ultimamente cresciuta miseria. Ed ora può dirsi che mezzadri e giornalieri siano confusi in unico grado di povertà.
I salari attuali in Sicilia possono desumersi dal quadro seguente.

	proprietà divisa o accentrata specie di cultura	salario medio invernale o per i lavori leggieri		salario medio estivo o per i lavori pesanti	salari ad anno
Alcamo	divisa-vigne	1,55		2,35	
Partinico	divisa-vigne	1,75		1,75	
Paceco	divisa-alberic.		1,57		
Morreale	divisa-alberic.		2,20		
Villabate	divisa-agrumi		1,70		
Casteldaccia	divisa-alberic.		1,47		
Naso	divisa-agrumi	1,35		1,60	
Termini	divisa-uliveto	1,80		2,20	
Bisacquino	divisa-mista	1,75		2 –	
Mistretta	divisa-mista	2 –		2.40	
Bolognetta	divisa-mista	1,40		1,80	
Ventimiglia	divisa-mista	1,45		1,75	
Caltanissetta	divisa-cereali	1,20		1 –	379
Chiusa Sclafani	divisa-mista	1,25		2,50	400
S. Piero Patti	divisa-mista		1,25		
Cattolica Eraclea	divisa-cereali, vigne	0,95		1,30	290
Montallegro	divisa-cereali, vigne	0,95		1,40	270
Parco	divisa-mista		1,25		
Campobello	divisa-mista		1,30		
Ganci	divisa-cereali	1,60		2 –	
Pettineo	divisa-mista	1,45		1,45	313

Castelvetrano	divisa-mista	1,60		1,95	
S. Margherita	media-mista		1,45		
Siculiana	latifond-mista	0.85		1,20	218
Corleone	latifon-cereal	0,95		2 –	
Piana dei Greci	latifon-cereal	0,95		2 –	
Calatafimi	latifon-cereal		1,30		
S. Ninfa	latifon-cereal	1,40		1.80	415
Caronia	latifon-boschi		1,15		
S. Stefano Camastra	latifondo-ulivi		1.20		
Motta	accentr-mista		1.35		
Nizza	accentr-mista	1,35		1.86	456
Catenanuova	sparuta	0,90		1,25	

Nel quale specchietto è a notare questo. Nel salario è compresa la parte che viene pagata in generi, vino, pane, companatico, minestra. Nei luoghi dove la proprietà è accentrata, è minore la parte di salario che si paga in derrate. Ci sono quasi sempre due tipi di salario di differente altezza, o in base alla stagione, o in base alla gravità del lavoro, la quale, invero o è influente sempre, ma spesso è trascurabile ai fini di stabilire medie approssimative. Una media complessiva sarebbe più vicina al minimo che al massimo, raggiunto solo in un mese o in due. E nella determinazione del minimo non è tenuto conto di taluni salari per lavori che spesso sono compiuti da donne, come la vendemmia e, in qualche luogo, la *sarchiatina*.

Il reddito medio giornaliero del contadino è poi sensibilmente inferiore al salario medio, a causa della scontinuità del lavoro agricolo. La quale non è in tutti i luoghi la stessa: è minore, in linea generale, nella zona elevata; è minore, più segnatamente, dove la coltivazione è mista. Da calcoli, che ho ragione di ritenere sufficientemente esatti, risulta che la media annuale delle giornate di lavoro, nella zona a cereali, è di 222 giornate, approssimativamente così divise:

	Giornate	Salari (1)	
Gennaio	16	1 –	= 16 –
Febbraio	20	1 –	= 20 –
Marzo	26	1,25	= 32,50
Aprile	19	1 –	= 19 –
Maggio	15	1,25	= 18,75
Giugno	23	1,70	= 39,10
Luglio	20	1,30	= 26 –
Agosto	12	1 –	= 12 –
Settembre	18	1 –	= 18 –
Ottobre	19	1,25	= 23,75
Novembre	20	1,25	= 25
Dicembre	24	1 –	= 24
	222		= 274,10

(1) Media dei comuni dove la proprietà è accentrata e predomina la coltivazione di cereali.

Dal quale quadro si ricava che, per un salario medio di L. 1,25, il reddito medio risulta L. 0,75 circa; ossia quasi i 5/8; il quale rapporto è costante presso a poco in tutti i comuni della zona a cereali. Ma è da notare che, nella determinazione della media delle giornate di lavoro, si è tenuto calcolo di ogni genere di lavoro anche non agricolo, che al contadino capita. Ed è anzi per questo, credo, che i miei calcoli portano una media più alta di quella determinata dal Rao (182 giornate) e da un mio corrispondente (208 giornate).

Nella zona alberata può stabilirsi che il reddito medio giornaliero si approssimi ai 6/8 del salario medio agricolo. L'influenza della suddivisione della proprietà mi risulta evidente da notizie avute da molte parti dell'isola, benché esse non siano tali da potersi tradurre in cifre. Spesso comuni limitrofi, solo a causa di un frazionamento diverso di proprietà, presentano salari marcatamente differenti. Bisacquino, vicino a Corleone, presenta un minimo di L. 1,75, mentre Corleone scende sino a 0,85. Gibellina, Salaparuta, Poggioreale sono, in questo senso e per la stessa ragione, in condizioni peggiori di S. Margherita, Castelvetrano, Menfi, a loro vicini. Così Calatafimi di fronte ad Alcamo; così Marausa, Spagnola di fronte a Paceco; così le Petralie di fronte a Ganci; così S. Stefano Caronia di fronte a Mistretta, così in genere il circondario di Patti di fronte ai circondari limitrofi. La grande proprietà dà luogo all'esistenza d'intermediari parassiti, che percepiscono dei redditi assolutamente sproporzionati all'importanza del loro ufficio economico; se, pure, può parlarsi di ufficio economico a proposito di tali mediatori. Forse peggio, poi, se le terre, anche in parte, sono tenute in economia, ma sempre coll'assenza del proprietario; è meraviglioso che quasi tutti i rappresentanti di questi latifondisti riescano di una cupidigia feroce, di un vampirismo crudele; riescano le piaghe di taluni comuni, dai quali mi sono arrivate numerose lettere, che parlano dell'amministratore del principe o del conte, come potrebbe parlarsi di una carestia, di una terribile crisi. Questo reddito medio (primo tipo 0,75 – secondo tipo 1,27) deve far fronte alla spesa dell'alloggio (varia da L. 50 a L. 12), quando il contadino non possieda una casa, il che invero è raro, alla spesa pel proprio mantenimento e della moglie e dei figli – i quali però guadagnano sempre qualche cosa con la raccolta del fieno o con altri piccoli lavori – alle malattie, alle tasse, alle liti. Si può presentare, come tipico, questo *budget* di una famiglia di agricoltori, composta di 5 persone, della zona più misera: guadagno annuo del capo: L. 274, guadagno annuo degli altri membri: L. 180; altri redditi, per piccole proprietà o piccole industrie L. 60; in tutto L. 514. Spesa annua per compra di frumento e molenda: L. 400, tasse: L. 30, vestiario, olio, companatico: L. 84. Ma appena capita una circostanza eccezionale qualsiasi, il pareggio è rotto, e lo *standard of life* discende subito, ove il contadino non preferisca far dei debiti ad usure feroci. La giornata di lavoro dura quanto dura il giorno; ed è perciò che tutti i lavori, che possono essere protratti, sono fatti eseguire in estate; e il salario estivo è anche per questo più elevato dell'invernale. I segni indiretti delle condizioni economiche portano a risultati non diversi dai sovraindicati. L'ispezione degli alloggi dei contadini siciliani produce un senso di ribrezzo, di commiserazione profonda, diciamolo, anche di paura. In cinque, in sei stanno racchiusi in tuguri, dove dormono, mangiano, cucinano. I più agiati hanno anche il porco con loro che sta sempre dentro l'unica stanza, se una ordinanza del Sindaco ha proibito che i suini circolino nel comune. Vi stanno anche i polli, e, se il tugurio è grande, una parte di esso è destinato a stalla per gli animali, che eventualmente i contadini possiedano. L'ambiente è così mefitico che neanco per spirito di ricerche e di studio si entra là dentro più di due o tre volte. La miseria prodotta dal sovraccennato presentarsi di qualche circostanza eccezionale è addirittura incredibile. Non raramente vedevo ragazze, che venivano a lavorare in un mio stabilimento di farine a Cattolica Eraclea, provincia di Girgenti, che si alimentavano solo di un panetto di cruschello e lavoravano tutto il giorno, financo 14 ore, e la sera erano così estenuate che mi stringe-

va indicibilmente il cuore al vederle ancora alla fatica. Quel po' che guadagnavano, L. 0,50 al giorno, serviva per tutta la famiglia che, per una circostanza qualsiasi, non trovava altri redditi. Quell'impiego era ambitissimo, e noi si era perplessi nell'accordare *un tanto favore*. Noto subito, però, a giustificazione di me e dei miei, che il reddito netto, datoci da quell'industria, non consentiva un aumento di salari; anzi in seguito scomparve, e poi diede luogo ad una perdita, che portò la chiusura dell'opificio. Ho visto famiglie, cui i miei danno alloggio gratuito in alcune stanzette a pianterreno, nominalmente in compenso di piccoli servizi, sostanzialmente solo per avere gente vicina (la mia casa è al limite del paese), le quali, per giorni e giorni, si alimentavano di fichidindia la mattina, un pezzettino di pan nero a mezzogiorno, e la sera costantemente un piatto di fave cotte, con poche gocce d'olio. Il contabile del mio molino a vapore, sempre a Cattolica Eraclea, mi ha informato che, quando incomincian le fave e in seguito i cereali, la molenda scende di un tratto da 3 mila kili al giorno, in media, a mille e duecento; e questo per un determinato tratto di tempo. Il nostro mulino a vapore, dove vengono solo i poveri, perché i ricchi macinano nel proprio *centimolo* (mulino mosso da animale), è un vero misuratore della miseria dei contadini.
Tra i segni indiretti non è, infine, da negligere il numero delle espropriazioni, fatte dal demanio, per debito di imposta, che da 13,713 nel decennio 1872-82 in tutta la Sicilia, vanno sino a 17,000 nel decennio 1883-93 nella sola provincia di Caltanissetta («Rivista popolare», fascicolo XII, 1893). Le condizioni economiche hanno subito poi, e bisogna notarlo, un peggioramento sensibile negli ultimi tempi. La produzione del grano da Ettolitri 7,744,918 nel 1891 è discesa a 4,363,696 nel 1892, ed a 4,365,300 nel 1893; mentre

il prezzo, nonostante, è disceso: L. 19,48 per Ettolitro nel 1891, L. 20,17 nel 1892, L. 18,91 nel 1893. La produzione dell'orzo è discesa da Ettolitri 1,511,699 nel 1891 a 1,153,303 nel 1892 ed a 1,169,061 nel 1893; mentre il prezzo è rimasto quasi lo stesso. La fillossera in Sicilia ha distrutto numerosi vigneti, occupanti un'estensione complessiva di Ettari: 53,977; onde la produzione del vino da Ettolitri 6,855,555 nel 1891 è discesa a 3,946,535 nel 1892 ed a 4,111,331 nel 1893; mentre il prezzo è aumentato solo da L. 28,80, ad Ettolitro, nel 1891 a L. 29,45 nel 1892 ed a L. 32,32 nel 1893. La produzione degli agrumi è discesa da Quintali 2,936,036 nel 1891 a 2,614,075 nel 1892 (non ho ancora i dati della produzione del 1893); mentre il prezzo è disceso da Lire 18,80 a migliaio nel 1891 a 18,80 nel 1892 ed a 18 nel 1893. Il valore della produzione agraria unitaria è disceso da L. 623,359,636 nel 1891 a L. 417,288,624 nel 1892, ed è disceso, secondo pare, ancora nel 1893, benché non possa darne l'ammontare preciso. Infine, la crisi zolfifera – data dal ribasso del prezzo dello zolfo da L. 112,57 per tonnellata nel 1891 a L. 95,17 nel 1892 e circa a L. 65 nel 1893 contribuisce anch'essa allo aggravamento delle condizioni economiche della Sicilia, e, quindi, per contraccolpo della plebe agricola.

L'insurrezione siciliana[3]

Oggi il governo centrale è, pel tramite dell'elettorato politico e del parlamentarismo, legato a fil doppio con le amministrazioni locali. Questo legame, come sin-

[3] Siculus (Antonio De Viti De Marco), *L'insurrezione siciliana*, «Giornale degli economisti», Serie seconda, Anno V, vol. VIII, Roma, fascicolo del 1° febbraio 1894.

tomo della vita politica italiana, specialmente nel Mezzogiorno, che è più addietro ed era meno preparato a partecipare agli interessi della politica dello Stato, è di una gravità eccezionale. Il corpo elettorale – e per corpo elettorale deve intendersi la volontà della minoranza insediata nell'amministrazione comunale – non elige i suoi rappresentanti in vista di un qualunque grande interesse, che si dibatte nel Parlamento.

Esso è ignaro delle questioni di riordinamento bancario o doganale o militare, né vede di quale momento può essere per la prosperità economica del paese e anche soltanto del Mezzogiorno una data soluzione di quelle e delle altre questioni di politica generale. Il partito vincitore vuole il deputato, che presso il Governo centrale gli spiani la via per spadroneggiare nel comune, violando le leggi. Perché le leggi, come regola, in Italia sono scritte, ma sono pur talmente condizionate e condite di tali clausole, che si applicano solo quando al potere discrezionale dell'autorità politica piace di farlo. E l'autorità politica è un prefetto o un questore che dipendono dal Ministero e il Ministero dipende dal deputato o con questi è legato. Così il deputato diventa l'organo più efficace del governo dispotico delle amministrazioni locali. E si ha pure l'altro lato del fenomeno, che i deputati del Mezzogiorno, salve le dovute eccezioni come regola, uscendo da quel corpo elettorale e da quell'ambiente, non aspirano essi stessi alla deputazione, se non per servirsene a scopi di dominio e di prepotenze locali. Questo è il tipo. Che altrimenti resterebbe inesplicabile, quale interesse abbia menati dal Sud a Roma turbe di deputati, col solo compito visibile di votare le leggi di maggiore spogliazione delle provincie loro, facendo in pochi anni di tutto il Mezzogiorno l'Irlanda d'Italia.

In conclusione, il sistema delle leggi contro l'autonomia e la libertà, dato in mano al Parlamentarismo, ha non

solo soppresso quel potere moderatore e infrenatore che si avea in tempi di Governo assoluto, ma ha creata nel Governo centrale una forza di più, impersonale ed irresponsabile, in sostegno delle consorterie locali.
Gli atti del Governo dispotico delle amministrazioni locali si manifestano nelle spese e nei metodi tributarj. Si è già notato che il carico del dazio consumo in Sicilia, paragonato con le più ricche regioni del continente, è assai maggiore. Come contrasto è eccezionalmente minore il carico della sovrimposta sui terreni e sui fabbricati.
Ecco alcuni dati ufficiali:

	Dazio consumo	Sovrimposta
Sicilia	L. 22,218,045	5,350,478
Piemonte	L. 12,008,218	13,013,802
Lombardia	L. 12,771,248	20,902,919
Veneto	L. 7,209,917	16,261,792

Tenendo conto della popolazione, si ha in ciascuna delle quattro regioni, rispettivamente per le due imposte, la seguente quota per abitante:

	Dazio consumo	Sovrimposta	Totale
Sicilia	L. 6.76	L. 1.63	L. 8.39
Piemonte	» 3.71	» 4.03	» 7.74
Lombardia	» 3.27	» 5.35	» 8.62
Veneto	» 2.42	» 5.45	» 7.87

A questi dati eloquenti bisogna contrapporre la ricchezza calcolata per abitante:

Sicilia	L. 1,471
Piemonte	L. 2,746
Lombardia	L. 2,400
Veneto	L. 1,935

E anche va notato, che questi dati della ricchezza per abitante e per regione si riferiscono ad un quinquennio (1884-89) di eccezionale prosperità soprattutto in Sicilia, la quale, si avvantaggia, sul quinquennio precedente, proporzionalmente più di qualunque altra regione d'Italia.

La crisi, sopravvenuta dopo, ha certo arrestato e retrocesso lo sviluppo della ricchezza in Sicilia proporzionalmente più che nelle regioni del nord, per effetto della politica economica, più specialmente lesiva del Mezzogiorno. Ma pure restando, per larghezza di concessione, a quei dati, il dazio consumo, che in Sicilia è quasi il doppio che in Piemonte, mentre la ricchezza ne è la metà, esercita nell'Isola una pressione tributaria almeno *quattro volte* maggiore. Invece la sovrimposta sta ad un limite di poco inferiore a quello che potrebbe ancora raggiungere in vista della ricchezza rispettiva; mentre le altre imposte (valor locativo, tassa famiglia, bestiame, vetture e domestici) sono già *in cifra assoluta* per abitante più gravose pel contribuente siciliano.

La circostanza che la popolazione rurale vive agglomerata in centri cittadini si prestava mirabilmente, per caricare sopra le sue scarne spalle una ragguardevole parte delle spese comunali. E, dato il numero dei contribuenti, non sarebbe neppure stato necessario, per ottenere quel risultato, di eccedere nella misura assoluta del dazio. Mentre di fatto è noto che in più comuni della Sicilia il dazio era salito, rispetto al valore delle merci tassate, ad una percentuale dalla legge non consentita. Le angarie esercitate alla barriera contro questi disgraziati incapaci di sborsare talvolta due centesimi di dazio, erano la conseguenza della estrema miseria degli uni e della estrema ingordigia degli altri. E man mano che la crisi agricola si inaspriva, dovevano di necessità la povertà di quelli e l'avidità di questi aumentare, dappoi che le spese pubbliche non scemavano. Così la tensione, fatalmente crescendo, doveva produrre lo scoppio. A chi non conosce la scoraggiata pazienza del contadino del mezzogiorno pare anzi inesplicabile, che lo scoppio non sia avvenuto molto prima.

E lo scoppio è stato violento ed ha presa la forma di rivolta per la ragione, si badi a questa circostanza, che la classe dei contadini contribuenti non ha alcuna rappresentanza e alcuna difesa nei Consigli comunali di Sicilia. Che una classe, che non paga imposte, non abbia neppure rappresentanza amministrativo-economica è cosa che comprendo e, come principio, ritengo desiderabile. Ma che una classe che sostiene il maggior peso delle imposte sia alla mercè di una minoranza avida e settaria, è intollerabile. Il più fiero conservatore deve più che mai fieramente combattere un sistema, il quale è la violazione sfacciata del principio, da cui dipende la conservazione delle moderne società, che il contribuente tassa se stesso.

Ciò che avviene per gli inasprimenti del dazio consumo si ripete pel focatico e pel valor locativo. Il contadino non si sottrae a nessuna di tali imposte, ma questo è il meno. La ripartizione del valor locativo si fa con forma progressiva, quella del focatico si fa dividendo la popolazione in classi, e in queste due operazioni i più grandi arbitrj sono stati compiuti per colpire contadini e avversari e per favorire gli amici. Nella tassa bestiame l'accertamento è fatto dall'autorità, e si trova che i consiglieri comunali e gli amici loro pagano per meno e gli altri per più capi di bestiame, che non posseggano.

Questo è un quadro scolorito del sistema tributario, come si è venuto svolgendo in Sicilia. Ciò che lo vivifica è lo spirito crudele di rapina, che si manifesta sempre che un membro potente dell'Associazione amministrativa si trova in contatto di un diritto o di un interesse dei cittadini.

I demani comunali – forma restata di proprietà collettiva a vantaggio della popolazione bisognosa – sono stati usurpati di regola dai proprietari limitrofi con l'appoggio e la complicità de' Consigli comunali, che avrebbero dovuto difendere i diritti della comunità. In qualche luogo è stato quest'ultimo atto di rapina, che ha colmata la misura e provocato lo scoppio.

Lo stesso fenomeno e lo stesso principio di sfruttamento ritornano nel sistema delle spese, le quali, sopportate da tutti nella misura che si è visto, s'intende che debbano beneficiare a poche persone.

Le guardie campestri, che già sono utili solo a chi ha proprietà, neppure le proprietà di tutti egualmente sorvegliano, ma quella del sindaco e degli assessori e dei signorotti di cui più temono l'umore. In modo che la proprietà degli altri, non che avvantaggiare dalla istituzione delle guardie, diventa il naturale richiamo di tutti i furti campestri.

La nettezza urbana e la manutenzione delle vie interne sono anch'esse affidate a guardie o appaltatori, i quali non mancano di tenere bene e pulite le vie, dove le abitazioni degl'influenti del Comune si trovano, e di lasciar che il fango e i ristagni di acqua putrida si formino sulle porte dei contadini e di chi non ha forza o teme di alzar la voce.

In conclusione, il vizio fondamentale del sistema finanziario locale si può riassumere in questo: «che le imposte vengono prevalentemente pagate dai meno abbienti, e i servigi pubblici prevalentemente usufruiti dai maggiori abbienti; e che questa iniqua ripartizione del costo di produzione e del consumo dei servigi pubblici è l'effetto di sistematiche violenze, fatte contro al nostro diritto pubblico finanziario e allo spirito della costituzione».

* * *

«È lu nuvantatrì, chi annata brutta
Comu n'arriscidiaru la sacchetta,
lu puvuriaddu si misi di sutta
e pagari nun po' chiù la so detta;
ca siddu trova quarchi spera rutta
si la teni appizzata a la lancetta.
Si nun ci penza Dia, la cosa è brutta
ed ognunu la testa s'arrizzetta».[4]

[4] «È il novantatré, che annata brutta / come ci hanno rovistato nelle tasche, / il poveretto fu messo sotto / e non riesce più a pagare il suo debito; / perché se egli trova qualche pezzo di ferro / se lo tiene legato alla lancetta. / Se non provvede Dio, la cosa è brutta / ed ognuno protegge la propria testa». *Canti popolari del periodo dei fasci*, in «La Voce di Milena», II, n. 8, agosto 1978.

III
Lo stato delle cose

«Scusi, sua Signoria, che il tempo passato non è il presente».

Da Palermo a Canicattì, Sommatino e Campobello di Licata[5]

Alla piccola stazione di Santa Caterina Xirbi (provincia di Caltanissetta) trovammo il deputato Giuseppe De Felice Giuffrida e tre o quattro capi di Fasci provenienti dalla vicina città di Castrogiovanni, dove il giorno prima era stato inaugurato il Fascio con discorsi dell'on. Colajanni, dell'on. De Felice e della figlia di quest'ultimo, Maria, una gentile giovanetta quattordicenne straordinariamente animata dalla fede nel socialismo, che parla al popolo col fervore di una missionaria e che per il sesso e per l'età esercita sulle masse un vero fascino.
Alla stazione di Caltanissetta alcuni capi di Fasci dicevano a Bosco e a De Felice che la provincia era una delle più difficili in causa della grande miseria e dell'ignoranza dei contadini, ma che sebbene meno notevole che nelle altre provincie, il risveglio c'era: a Santa Caterina Xirbi, piccolo paese di analfabeti, esisteva già un Fascio di 400 contadini; Villarosa ne contava uno di duemila minatori, presieduto da Agesilao Porrello, uomo pieno di energia.
Intorno al nuovo Fascio di Castrogiovanni, il giovinetto che lo presiedeva, Ernesto Fontanazza, bell'uomo dalla barba castana e dal viso d'una dolcezza d'aposto-

[5] Adolfo Rossi, *L'agitazione in Sicilia*, Max Kantorowicz Editore, Milano, 1894.

lo, mi diceva che contava già duemila soci e che vi si iscrivevano anche uomini devoti, perché nei Fasci non si parlava mai contro la religione, ma si trattava solo la questione del miglioramento economico. Nelle sedi di molti Fasci, anzi, spiccava al posto d'onore un gran crocifisso.
Dopo Caltanissetta la ferrovia attraversa una regione ricca di mandorli e di ulivi: in tutte le piccole stazioni si vedono grandi cataste di pani di zolfo.
Un quarto d'ora dopo mezzogiorno si giungeva a Canicattì, città di ventiduemila abitanti, le cui case, addossate ad una eminenza a ovest della stazione, hanno l'aspetto di una enorme fungaia bianca.
Presidente del Fascio di Canicattì era Gaetano Rao, un possidente che poteva vivere tranquillamente di rendita, ma che, dotato di un gran cuore, si era dato tutto al socialismo.
Bosco gli aveva telegrafato per vederlo un momento solo senza scendere dal treno, ma Rao si trovava alla stazione con più di mille soci del Fascio e con la bandiera rossa del Fascio stesso.
Quei contadini dal lungo berretto nero, con la estremità ripiegata sulla fronte come una carmagnola, formavano, sotto il sole cocente e sulla strada coperta di polvere bianca, un gruppo curiosissimo. I capisezione portavano una fascia rossa a tracolla.
Appena si fermò il treno, mandarono molti evviva in onore del giovane Bosco, che essi vedevano per la prima volta, e appena seppero che in compagnia di lui si trovava l'on. De Felice, mostrarono una gioia veramente straordinaria.
Invano Bosco disse che coi suoi compagni aveva preso i biglietti per Campobello e che non potevano fermarsi; tanto egli come De Felice furono tirati giù dal treno e condotti a Canicattì, seguiti da una gran folla che solle-

vava un nembo soffocante di polvere bianca e che gridava: «Viva il socialismo! Viva il deputato del popolo! Viva Garibaldi! Viva il padre nostro De Felice!».
Era una scena identica a quella che si verificava una volta nei paesi per la processione del santo: si vedeva proprio che quei contadini avevano abbracciato il socialismo come una nuova religione, la cui fede era condivisa dalle donne.
Dalle finestre della sede del Fascio, nelle cui rozze sale non vidi altro ornamento che un Cristo col lumino, Bosco e De Felice dovettero parlare. A un certo punto, avendo De Felice chiesto: – Che cosa domandate, voi che bagnate la terra del vostro sudore? –, cento voci risposero: – Pane e lavoro!
Alla dimostrazione prese parte anche il sindaco del paese, l'avv. V. Falcone, un possidente socialista *amateur*. Canicattì è la città dove nelle penultime elezioni generali politiche Napoleone Colajanni riusciva contro Francesco Crispi. Recentemente il Consiglio comunale approvava un voto di plauso all'on. Colajanni stesso per il suo contegno alla Camera nella questione delle Banche.

Verso le 4 pomeridiane De Felice e Bosco partivano in carrozza alla volta di Sommatino freneticamente acclamati dalla folla.
Poco dopo le 5 arrivavano a Delia, paese di 4.600 abitanti in provincia di Caltanissetta, dalle strade piuttosto sudicie e dalle case che mostrano l'estrema miseria degli abitanti.
Avendo saputo del loro passaggio, gran parte della popolazione uscì a incontrarli con una fanfara. L'avvocato Antonino Scutieri, giovane e ardente socialista, presidente del Fascio di Campobello, spiegò ai contadini di Delia che i loro padroni li avevano mistificati iscrivendoli in una semplice Società di mutuo soccorso

e che dovevano riunirsi anch'essi in un Fascio. Parlarono poi De Felice e Bosco.
Nei dintorni vi sono molte zolfare. Tutti i zolfatari che interrogai non facevano che lagnarsi: i ragazzi (*carusi*) sono tenuti proprio come gli schiavi. Uno di essi fu tempo fa cambiato con un cavallo.
Alle 6 e mezzo, i giovani agitatori venivano salutati lungo la strada dal Fascio di Sommatino, che contava più di 1.800 soci, con una sezione di 200 donne. Ne era presidente Luigi Calogero Grasso, già segretario comunale.
Per festeggiare l'arrivo di Bosco e di De Felice si erano accesi dei grandi fuochi di paglia e l'ingresso nel paese, fra due o tremila persone avvolte dalla solita polvere, fu uno spettacolo chiassosamente fantastico. La facciata della sede del Fascio era tutta adorna di festoni di mortella e illuminata a lampioncini.
Da un tavolo De Felice e Bosco dovettero naturalmente parlare. Poi a cavallo di muli si partì alle 9 pomeridiane alla volta di Campobello, dove Bosco e De Felice erano aspettati fino dal pomeriggio e dove si sarebbero recati direttamente con la ferrovia, senza la involontaria fermata a Canicattì, per inaugurare una Cooperativa di consumo.
Campobello di Licata, in provincia di Girgenti, è un paese di 7.000 abitanti, sopra una collina, situato in una fertile regione. Il Fascio, uno dei meglio organizzati, era presieduto dal giovane avvocato Antonino Scutieri. Tutti i soci portavano una coccarda rossa; i capisezione avevano una fascia pure rossa al braccio, col numero progressivo della sezione stessa.
Si credeva che, per il lungo ritardo, i soci si fossero stancati di aspettare. Invece essi, con la bandiera rossa e la fanfara, aspettavano De Felice e Bosco a qualche chilometro dal paese. Dieci ore di attesa non avevano fatto perder loro la pazienza!

Appena l'approssimarsi dei muli che portavano De Felice, Bosco e lo scrivente, coperti di polvere, fu avvertito nell'oscurità della notte, prese a suonare la fanfara, e uomini, donne e ragazzi, da due a tremila persone, recando torcie a vento e accendendo fuochi di paglia, corsero verso i sopravvenienti. All'incontro fu uno scoppio d'entusiasmo indescrivibile.
L'ingresso nel paese ebbe luogo dopo le 11 e malgrado l'ora tarda, De Felice e Bosco dovettero parlare ancora!
La mattina seguente il Fascio attraversava in processione il paese con le sue bandiere rosse e portando delle tabelle con motti socialisti. Uno diceva: «Divisi siamo chiamati canaglie; uniti saremo rispettati e faremo riconoscere i nostri diritti». Il Fascio di Ravanusa, un'altra grossa processione di contadini, era accorso a salutare i compagni di Campobello e a prender parte alla inaugurazione della Cooperativa di consumo.
Lo spettacolo di quella processione di duemilacinquecento o tremila contadini dalle carmagnole nere e dalle bandiere e dai distintivi rossi era imponente.

Una discesa nella zolfara di Virdilio. I carusi

Mentre mi trovavo a Campobello di Licata, avendo saputo che a sette chilometri dal paese esistono alcune importanti zolfare nelle quali lavoravano parecchi soci dei Fasci di Ravanusa, Campobello e altri comuni vicini, decisi di andare a visitarle.
De Felice, che sebbene siciliano non era mai sceso in una zolfara, volle accompagnarmi e ciò fece sì che, appena ne furono informati, tre o quattrocento soci del Fascio con una dozzina di bandiere rosse deliberarono subito di seguirci.

Mentre aspettavamo i muli all'uscita del paese, davanti ad alcune misere casupole, un centinaio di donne, dopo averci portate due sedie, circondarono De Felice e gli dissero che a Campobello si soffre molta fame. Siccome non ha territorio proprio, il Comune ha imposto le tasse del fuocatico e del bestiame. I disgraziati i quali non possiedono che un somarello o un mulo coperto di guidaleschi, devono pagare l'imposta. Ogni diroccata casupola poi, superfluo dirlo, è soggetta alla tassa sui fabbricati; e chi non paga se la vede messa all'asta.
Tre giovani spose, magre, patite, dissero poi piangendo che da nove mesi avevano i mariti in prigione senza sapere perché.
– E noi moriamo di fame! – urlavano agitando davanti a noi sulle braccia i loro bambini macilenti. – E non sappiamo come fare con queste creature che domandano sempre del pane. I nostri mariti sono colpevoli di qualche cosa? Ebbene, li condannino, ma non ci tengano così tanti mesi in questa pena. Assassini! Assassini!
Quelle disgraziate facevano tanta compassione, che tutti i presenti avevano le lagrime agli occhi.
Alle 3 finalmente partimmo colla numerosa scorta dei soci capitanati da alcuni capisezione con le fascie scarlatte a tracolla. Nelle ondulazioni del terreno sassoso, quella processione di contadini dalle carmagnole nere, con le bandiere rosse, era uno spettacolo nuovo: faceva venire alla mente le bande rivoluzionarie che un secolo fa andavano da un paese all'altro a piantare l'albero della libertà. Alcuni dei capisezione col viso completamente sbarbato avevano delle fisionomie serie di asceti; altri con le lunghe barbe sembravano dei David Lazzaretti.
Ci accompagnavano senza grida incomposte, ragionando seriamente della loro posizione. Al mio fianco camminava un intelligente ragazzo che portava una ta-

bella infissa sopra un'asta, con la scritta: «L'avvenire è per noi». Un'altra tabella recava i versi del canto dei lavoratori:

Se divisi siam canaglia,
Stretti in Fascio siam potenti.

A un certo punto, mentre attraversavamo la montuosa regione che separa Campobello dalle zolfare, vedemmo in lontananza un ragazzo di nove o dieci anni, basso e rachitico, che fuggiva per la campagna brulla, inseguito a duecento metri circa di distanza da un uomo senza berretto e dalle vesti bianche di zolfo, che per correre meglio s'era levate le scarpe e con esse minacciava il fuggitivo con atti di ira feroce.
– È un picconiere – ci dissero i contadini – che cerca di ripigliarsi un caruso scappato. Se lo prende, lo concia per le feste! Sono cose che succedono qui tutti i giorni.
Succedono tutti i giorni, ma sono cose barbare, che non dovrebbero essere tollerate in paesi civili.
I carusi, com'è noto, sono generalmente ragazzi dagli otto ai quindici o diciott'anni, che trasportano a spalla il minerale dello zolfo dalle profonde gallerie alla superficie, arrampicandosi su per gli strettissimi pozzi. I picconieri, cioè gli uomini che coi picconi staccano il minerale nelle gallerie, si procurano uno o più carusi mediante un'anticipazione ai genitori dei ragazzi di una somma che varia dalle 100 alle 150 lire in farina o frumento. Preso così come una bestia da soma, il caruso appartiene al picconiere come un vero schiavo: non può essere libero finché non ha restituito la somma predetta e siccome non guadagna che pochi centesimi al giorno, la sua schiavitù dura per molti anni. Egli è maltrattato dal padre che non può liberarlo e dal picconiere che ha interesse di sfruttarlo il più lungamente

possibile. E quando tenta di fuggire sono persecuzioni feroci.
– Ma fermate quel picconiere! – gridammo a quelli del Fascio.
Alcuni soci lo raggiunsero infatti e lo fermarono. Ma dopo una breve discussione vedemmo che lo lasciavano andare.
– È nel suo diritto – ci dissero quando tornarono a noi.
– Il caruso gli appartiene.
– Quando si tratta di qualche scapaccione – ci disse un caruso che faceva parte della nostra comitiva – sono cose da nulla. Il male è quando il picconiere adopera il bastone. La settimana scorsa il caruso Angeleddu, d'anni tredici, fu ucciso dal suo picconiere con otto bastonate.
– E il picconiere non fu arrestato?
– Non li arrestano mai. Chi s'incarica dei carusi? I carusi, quando muoiono ammazzati, per le autorità sono morti sempre di morte naturale. Poco tempo fa nella miniera Ficuzza un altro caruso morì in seguito ad un calcio nello stomaco.
– Come ti chiami tu? – chiesi al caruso che ci narrava questi orrori.
– Filippo Taglialana da Campobello. Ho tredici anni. Lavoro come caruso da cinque anni e sono in debito verso il picconiere di venticinque lire che non potrò mai pagare.
Tirammo innanzi molto tristi. Alle tre e mezzo giungevamo alla miniera detta La Mintina, dove il 10 giugno 1886 un improvviso franamento del terreno uccise nelle gallerie 142 (dico centoquarantadue) fra picconieri e carusi. Le gallerie sfruttate non erano mai state riempite e il loro numero eccessivo formando un gran vuoto sotterraneo aveva prodotto l'avvallamento.
In una depressione del terreno trovammo da un lato alcuni forni dove si purifica il minerale, circondati da ca-

taste del minerale stesso. Qua e là si vedevano delle specie di nicchie in muratura: le aperture dei pozzi. Davanti ad esse stavano dei ragazzi dai nove ai quattordici anni completamente nudi e dei picconieri egualmente in costume adamitico, con una sola pezzuola sostenuta da uno spago, sulle parti genitali. Quei gruppi di ragazzi e di adulti dalla pelle bruna, che spiccavano sul terreno riarso e brullo – solo su qualche pendice si vedevano dei *cactus* e dei fichi d'India – non parevano di italiani, ma di africani o di indù.
Ma se lo spettacolo impressiona da lontano per la sua novità, da vicino stringe il cuore. I carusi portano impresse in tutta la persona le stigmate delle sofferenze a cui vengono sottoposti. Presi a lavorare a otto o nove anni, essi hanno generalmente le spalle curve per l'eccessiva fatica, le gambe storte, le occhiaie incavate per l'insufficiente nutrimento, la fronte solcata da rughe precoci.
La legge che dovrebbe proteggere il lavoro dei fanciulli, e secondo la quale nessun ragazzo potrebbe fare il caruso se non ha compiuto i dodici anni, non viene fatta osservare. Tutti i carusi che ho interrogato hanno cominciato a lavorare a otto o nove anni. La maggior parte mi dissero che non guadagnavano cinquanta centesimi al giorno e che questa mercede non veniva loro pagata in denaro, ma in pessima farina a un prezzo superiore a quello che corre nei vicini paesi.
– E quando facciamo gli storti – aggiunse uno (cioè quando non camminiamo svelti col nostro peso su per le scale) – sono bastonate.
– E quante ore lavorate? – domandai.
– Generalmente dodici ore di seguito, dalle quattro alle quattro, per sei giorni consecutivi durante i quali dormiamo qui: al settimo giorno andiamo a riposarci in paese.
– E qui dove dormite?

– Per terra, in quelle grotte.
E mi mostrarono alcune caverne, vere abitazioni da trogloditi.
– I più fortunati – aggiunsero – dormono là.
E mi condussero sotto una tettoia, annessa a un forno, tutto il mobilio della quale consisteva in un tavolato senza paglioricci. Appiedi di quel tavolato alcuni carusi stavano desinando col picconiere. Mangiavano pane e cipolla.
– Bevete qualche dito di vino? – chiesi.
– Vino? – fecero guardandomi sorpresi. – E chi ce lo dà? Avessimo almeno dell'acqua! Non c'è neppur quella. Nelle ore in cui dovremmo dormire, ci tocca far molta strada per andare a prenderne un po'.
– Quanti viaggi al giorno fai in media col tuo carico di minerale? – chiesi ad uno dei carusi.
– Venticinque viaggi per ventisette soldi, su e giù per un pozzo lungo cinquanta canne (centotré metri).
Altri carusi ci vennero intorno, tutti dagli organismi rovinati per l'eccessiva fatica, dallo sviluppo impedito: vere immagini di schiavi affamati.
Appena sentirono che ci informavamo della loro sorte, cercarono qualche straccio da mettersi ai fianchi per avvicinarsi e dirci come sono trattati. Era uno spettacolo straziante. Qualcheduno di quegli infelicissimi aveva l'occhio intelligente e rispondeva con prontezza alle nostre domande; ma la maggior parte apparivano instupiditi dai patimenti e avevano lo sguardo come velato e spento, con le occhiaie livide.
Provammo a scendere in un pozzo della miniera La Mintina, ma era talmente stretto, ripido e malagevole, che fatti pochi metri dovemmo rinunziare a continuare. Ci pareva impossibile che dalle profondità di quel buco i poveri carusi potessero portar fuori sulle spalle i loro carichi di minerale.

Cercammo un ingresso un po' più largo e fummo condotti all'entrata numero tre della miniera Virdilio, nella quale lavoravano milletrecento fra picconieri e carusi. Due di questi ultimi, che avevano finito il loro turno di lavoro, si proffersero di accompagnare De Felice e me, mentre tre capisquadra si mettevano davanti all'apertura del pozzo per impedire che altri entrasse.

Alla luce tremolante delle due lucernine a olio che portavano i carusi, cominciammo a discendere in quel pozzo, curvandoci, sostenendoci con le mani alla volta. I gradini scavati nel masso sono irregolarissimi, ora alti e ora bassi, ora cogli angoli smussati, ora asciutti e ricoperti di polvere e ora bagnati e scivolosi.

Eravamo calati di pochi metri, quando vedemmo alcune deboli luci in fondo. Erano le lucernine di alcuni carusi che salivano curvi sotto il loro carico di minerale. Poi udimmo dei lamenti angosciosi. Erano i gemiti di quegli infelicissimi che si sentivano più distintamente man mano che si avvicinavano a noi: gemiti e lamenti cadenzati di tènere creature ansanti e oppresse, che non potrebbero più salire e tirare innanzi ma che devono procedere a ogni costo per paura che capiti il picconiere a incitarli col bastone o scottando loro i garretti con una lucerna.

Tanto io che De Felice al sentire i lamenti di quella processione di piccoli paria, ci sentivamo spezzare il cuore. E quando dovemmo scostarci per lasciar passare i carusi piegati sotto il carico, tremanti sulle gambe malferme, ne avemmo una così profonda impressione di pietà, che ci mettemmo a piangere come due bambini.

– Possibile! – esclamavamo. – Possibile che da tanto tempo duri e si tolleri una tale infamia!

Sapevamo ambedue per aver letto la relazione Jacini e altre inchieste rimaste infruttuose, che cosa sono i

carusi, ma nessuno scrittore potrà darne mai un'idea sufficiente a chi non li ha veduti in quelle vere bolgie infernali.
Ne fermammo alcuni e alleggerendoli per un momento del loro carico composto di un sacco di piccoli pezzi di minerale e di un grosso pezzo di minerale fuori del sacco – complessivamente un peso di quaranta o cinquanta chilogrammi – constatammo che avevano la pelle delle spalle e di tutta la schiena escoriata, rossa o coperta di calli, di cicatrici e di lividure.
Procedemmo oltre e svoltando a sinistra in una seconda parte del pozzo dai gradini più alti e malagevoli della prima, incontrammo ben presto altre processioni di carusi curvi sotto la terribile soma e che mandavano continuamente quel lamento che spezza il cuore.
Notisi che quei poveretti non sapevano nulla che qualcheduno stesse per visitare la miniera: noi scendevamo nelle profondità della Virdilio all'insaputa dei picconieri e dei carusi. Piegati sotto i loro sacchi, i carusi non ci guardavano neppure.
Ne sentii uno che diceva piangendo a un compagno: – *Sugnu tantu stancu cca nun cci la fazzu cchiù a purtari lu saccu e staiu pi jttarlu 'nterra*. (Sono tanto stanco che non posso più portare il sacco e sto per gettarlo a terra).
Ad una terza svoltata trovai un caruso biondo, disfatto dalla fatica, che non riuscendo più a salire, aveva deposto il fardello e accoccolato sopra uno scalino piangeva silenziosamente. Aveva gli occhi azzurri colle palpebre tutte rosse e grosse lagrime gli rigavano le guancie incavate e illividite.
A che serve descrivere il resto della nostra discesa? Abbiamo trovato in fondo, a settantacinque metri di profondità, un paio di chilometri di gallerie, in alcune delle quali il caldo è soffocante. Alcuni picconieri, che lavoravano nudi essi pure, ci dissero che con tutto

lo sfruttamento dei carusi non riescono a guadagnare più di lire due e mezza al giorno. Abbiamo veduto delle gallerie invase dal gas, nelle quali i lumini non ardono che tenuti a un metro e mezzo di altezza. Abbiamo saputo che quando il minerale non è di buona qualità, picconieri e carusi ci rimettono la loro fatica. Ma tutto sparisce, tutto è secondario di fronte alle atroci sofferenze dei carusi.
Quando uscimmo con le vesti inzuppate di sudore come se fossimo stati immersi in una vasca d'acqua calda, eravamo incapaci di parlare e di riferire l'impressione provata.

Gli evangelici e i zolfatari di Grotte

Alcuni degli operai addetti alla zolfara Virdilio facevano parte dei Fasci, ma segretamente, perché se i direttori delle miniere lo avessero saputo li avrebbero cacciati. Così i zolfatari dei Fasci ricordavano i primi cristiani e dovevano riunirsi di nascosto nelle loro catacombe. Intendiamoci bene, alludo agli onesti che in buona fede si associavano credendo all'utilità dell'unione per i futuri miglioramenti della loro condizione: fra i zolfatari c'è anche molta canaglia della specie peggiore.
Parecchi neofiti dei Fasci avevano abbracciata con tanto entusiasmo la nuova fede socialista, che, quando nasceva un bambino, qualche padre invece di mandarlo in chiesa per il battesimo lo portava al Fascio. Durante quel giro De Felice e Garibaldi Bosco sono stati pregati più volte di essere i padrini socialisti di alcuni neonati.
Dopo la visita alla zolfara, tornati a Campobello di Licata, dove tutta la popolazione aspettava De Felice per

salutarlo con grandi fuochi di paglia e assordanti acclamazioni, partimmo subito in vettura alla volta di Sommatino, dove ci aveva preceduti Bosco. Lungo la strada, alle 9 pomeridiane, De Felice dovette fare un piccolo *alt* a Ravanusa per contentare i soci del Fascio che lo attendevano con musica e bandiere.

Quando giungemmo a Sommatino era mezzanotte. Si sperava che stante l'ora tarda tutti fossero andati a dormire. Invece una gran folla aspettava pazientemente, e, appena l'arrivo di De Felice venne segnalato, fu un nuovo scoppio di applausi.

Insomma, dovunque andavano, i capi dell'organizzazione dei Fasci mettevano sottosopra i paesi: un'onda immensa di popolo li andava a ricevere con le bandiere rosse, con fanfare e concerti, e quando parlavano esercitavano un prestigio indicibile. Essi potevano tenere i discorsi più incendiari senza pericolo di interruzioni, perché delegati e carabinieri sparivano in mezzo alla moltitudine.

È giusto notare però che tanto Bosco come De Felice, predicavano invece che i Fasci dovevano mantenersi perfettamente tranquilli e guardarsi bene dagli agenti provocatori, per non dare pretesto alle repressioni. Aggiungevano che se anche il Governo avesse decretato lo scioglimento dei Fasci e avesse inondato l'isola di truppe, i lavoratori dovevano rimanere impassibili: essi avrebbero fatto più tardi i conti.

Una cosa curiosissima erano le fanfare dei Fasci, composte di ex soldati trombettieri: nelle processioni dei lavoratori essi davano i segnali di avanti, alt, riposo, come si fa nell'esercito; per salutare l'arrivo dei capi suonavano la fanfara reale!

Dopo aver veduto le accoglienze di Sommatino e Campobello io mi accingevo a lasciare Bosco e De Felice, volendo continuare le mie escursioni senza musiche e

senza dimostrazioni. Ma credetti necessario riferire al giornale per il quale facevo il giro le accoglienze di cui i capi erano fatti segno, per dare un'idea del fermento che regnava in quelle provincie e della importanza del sentimento di solidarietà che si andava estendendo ogni giorno di più e dal quale non erano ispirati solamente i soci dei Fasci, ma anche molti impiegati, piccoli proprietari, studenti e perfino pubblici funzionari. Seppi, per esempio, di un pretore che consigliava segretamente gli operai a iscriversi nei Fasci. Un altro magistrato, che aveva da vivere del proprio, lasciava il posto per darsi alla propaganda. Nelle Università siciliane più di un professore predicava oramai il socialismo dalla cattedra. A Palermo, il corso di medicina era tutto socialista. Che più? Perfino dei giovani aristocratici e ricchi si professavano socialisti, e non solo a chiacchiere.
Quasi tutti i soldati, appena licenziati, si mettevano nei Fasci; a Campobello di Licata se n'erano andati a iscrivere rimettendo il piede nel paese, prima ancora di levarsi l'uniforme. Ogni volta che un socio veniva condannato a qualche ammenda per cose che si riferivano al Fascio (portar fuori le bandiere rosse senza averne chiesto il permesso *et similia*) i compagni si quotavano immediatamente per pagare l'ammenda.
Se il socio veniva carcerato, i «fratelli» gli mantenevano la famiglia, come ho già raccontato, e gli procuravano il difensore che quasi sempre si prestava gratuitamente, come l'avvocato Gaetano Rao, presidente del Fascio di Canicattì, un proprietario che sacrificava i propri beni per la causa socialista.
E di questi tipi di apostoli, non ispirati, come Rao, che dalla pietà, se ne trovavano in tutti i paesi. Rao ha commosso più volte gli stessi magistrati descrivendo le miserie e le sofferenze dei contadini e degli operai delle zolfare.

Da Sommatino, l'11 ottobre siamo andati a Grotte, paese di 10mila abitanti, centro importante di una regione zolfifera.
Anche là l'entusiasmo con cui De Felice e Bosco furono ricevuti non poteva essere maggiore. Più di tremila persone li aspettavano alla stazione, col concerto del Fascio che suonava gli inni patriottici popolari.
Da un balcone della casa del vecchio garibaldino signor Raimondo Gueli Buongiorno, essi dovettero naturalmente parlare. Una fittissima moltitudine che formava una grande superficie di teste scoperte li ascoltava silenziosamente, applaudendoli nei punti migliori.
De Felice e Bosco furono invitati poi alla sede del Fascio, una vasta sala tutta adorna di festoni di mortella; e poi alla sede del Circolo dei zolfatari, dove entusiasmarono gli operai parlando loro in dialetto. Essi facevano un grande uso di parabole e di similitudini. Da Bosco sentii questa:
– Un bastone tutti lo rompono; ma un fascio di bastoni, *picciotti* miei, chi lo rompe?
Un fatto notevole verificatosi a Grotte è questo, che da più di vent'anni vi fu fondata una chiesa evangelica, che oggi è molto frequentata. Ne fu iniziatore un ex prete cattolico, Stefano Dimino, benestante di là. Da principio i preti gli fecero una guerra terribile e del dissidio religioso manifestatosi a Grotte si occupò anche la Camera dei deputati nel 1874. Ma i preti dovettero finire col cedere e riconoscere la libertà di culto.
Ora tutti gli zolfatari evangelici erano diventati socialisti: prima ancora che si formasse il Fascio, essi avevano costituito un Circolo Savonarola nel quale il Dimino insegnava che il socialismo è il principio di Cristo e che Gesù predicava diciotto secoli or sono la comunione dei beni.

Nella sede del Fascio di Grotte si tenne la mattina del dodici una riunione di zolfatari delle circostanti miniere per decidere se davanti alla crisi dello zolfo e alle condizioni loro che vanno ogni giorno peggiorando, non conveniva meglio scioperare.

Intervennero più di millecinquecento fra produttori e operai, perché anche i piccoli produttori dichiaravano di essere sfruttati dai proprietari e tendevano a fare causa comune coi lavoratori.

Dicevano i produttori che i proprietari delle zolfare esigevano dal 25 al 30 per cento sul prodotto netto e che essi produttori dovevano col resto pagare tutte le spese, compresa la tassa di ricchezza mobile. E siccome il prezzo dei zolfi è straordinariamente ribassato, affermavano che non potevano tirare innanzi e che erano tutti indebitati. Essi reclamavano per lo meno dal Governo i magazzini generali, perché l'attuale sistema di produzione, spedizione e magazzinaggio è una continua spogliazione fatta da usurai. La provincia di Girgenti, essi concludevano col dire, è ridotta l'Irlanda della Sicilia.

Da parte loro gli operai gridavano che se i produttori sono sfruttati dai proprietari, essi vengono dissanguati da tutti e due; che certi proprietari riscuotono dai lavoratori la tassa di assicurazione senza poi assicurarli; che sono vittime di cento altre camorre.

In quella riunione ho notato che i capi sezione dei Fasci di diversi paesi nell'incontrarsi si baciavano sulla bocca come veri fratelli.

Nel pomeriggio siamo partiti da Grotte con la ferrovia alla volta di Casteltermini dove erano stati operati alcuni arresti e dove i contadini, in una zona che comprendeva dodici paesi, si erano dati allo sciopero e rifiutavano di seminare se i proprietari non rinnovavano i contratti.

La ferrovia attraversa una regione montuosa e brulla, tutta piena di zolfare. Tanto a destra come a sinistra si vedono agli ingressi dei pozzi gruppi di picconieri e di carusi quasi completamente nudi. Il binario stesso passa sopra un terreno sassoso attraversato da gallerie sotterranee, dalle bolgie degli zolfatai.
Alla stazione di Campofranco interrogo un gruppo di contadini e di minatori, magri, neri, ischeletriti.
– Qui – essi mi dicono – stiamo morendo di fame.
Alla stazione di Acquaviva Platani, mentre si aspettava una vettura per Casteltermini, ci informarono che le stazioni dei carabinieri venivano rinforzate con picchetti di soldati.

Il «Domatë ë gghindevet cë scerbejn» ossia il Fascio dei lavoratori di una colonia albanese

Da Palermo si va a Piana dei Greci in tre ore e mezzo di vettura quando si abbiano due buoni cavalli, perché la strada è una continua, erta e faticosa salita. Ma quanto è bella! È certamente una delle più meravigliose che si possano vedere.
Serpeggia da principio fra una doppia serie di ville piene di fichi d'India, di ulivi, d'aranci, di limoni; poi vi offre dall'alto, attraversando i paesi di Villa Grazia e di Parco, lo spettacolo di tutta la Conca d'Oro e del mare.
Partito alle cinque e un quarto con una temperatura primaverile e con un cielo limpidissimo – non si conosce la nebbia in quella terra dall'eterna primavera – io potei godermi la mattina del 15 ottobre l'incantevole panorama illuminato gradatamente dalle prime luci del giorno (una cosa da far ammattire), finché alle otto giunsi sulla cima delle montagne che cingono la valle dell'Oreto.

Sono creste aride e sassose, su cui non si vede che qualche corvo; ma poco dopo, scendendo leggermente, si trovano ben presto dei vigneti carichi di grappoli neri, dei castagni, che in quella stagione lasciavano vedere il frutto maturo attraverso le spaccature dell'involucro, e una quantità d'uliveti.

Situato a settecento metri d'altezza, Piana dei Greci è un vero paese di montanari. I suoi abitanti, circa novemila, sono discendenti, come è noto, da una colonia albanese fondata nel 1488, e dei loro padri hanno conservato la lingua, il rito greco nelle chiese e il carattere fiero, ardito e amante dell'indipendenza.

Le donne poi hanno conservato dei bellissimi costumi, che indossano però solo nelle grandi occasioni. Ordinariamente portano sulla testa una mantellina di lana bianca o azzurrognola: il corpetto molto scollato lascia vedere il petto coperto da un fazzoletto bianco ricamato, incrociato sopra il busto. Ce n'è di bellissime, che camminano diritte e maestose come tante regine.

Ora, con una popolazione di appena 9.000 abitanti, Piana dei Greci contava un Fascio di 2.500 uomini e di quasi 1.000 donne intelligentissime, che parlavano in pubblico con vera eloquenza.

Quando entrai solo soletto nel paese verso le nove, essendo domenica, parecchi soci d'ambo i sessi si trovavano appunto in un locale sopra la sede del Fascio a discutere sui preparativi d'una festa che si doveva fare all'indomani per inaugurare la bandiera della sezione femminile.

Gli uomini stavano da una parte e le donne dall'altra. Queste ultime formavano un gruppo bellissimo con le loro mantelline sulla testa e coi candidi fazzoletti sul petto.

Appena mi feci conoscere, mi accolsero con grande cordialità e mi fecero sedere in mezzo a loro, pronti a darmi tutte le informazioni che desideravo. La conversa-

zione riuscì così interessante che stimo utile riprodurla testualmente.
Io: – Come avvenne che questo Fascio diventò in poco tempo così numeroso?
Un contadino: – Perché abbiamo capito subito che per ottenere qualche cosa bisogna cominciare coll'unirsi.
Io: – È vero che fanno parte del Fascio anche dei piccoli proprietari?
Un piccolo proprietario (Vito Fusco): – Sicuro: io sono uno di quelli. Ci siamo convinti che domani vivremo meglio col nostro lavoro di quello che oggi con le nostre terre. Senta: io possiedo tre salme di terra e devo pagare ogni anno: L. 127,50 per il censo, L. 100 di tassa fondiaria, L. 50 d'altre tasse e più di L. 300 per la coltivazione, mentre non ne ricavo in media che da 550 a 600.
Un contadino nullatenente (Stazi Pietro): – Ed io non trovo da lavorare che durante sei mesi dell'anno per non guadagnare che da 7 a 8 lire la settimana, quando non piove.
– E come fate quando siete disoccupato?
– Si va a erbe, per mangiarle cotte senza sale.
– Avete famiglia?
– Moglie e due bambini. Per una camera devo pagare settanta lire all'anno di pigione. Dormiamo sulla paglia. Quando lavoriamo in campagna, poi, dormiamo all'aperto. Se la pioggia ci bagna non abbiamo che il vento per asciugarci. E quando si guadagna qualche soldo dobbiamo pagare anche il dazio consumo per quel pezzo di pane nero con cui ci sfamiamo. Il giorno della paga certi padroni ci fanno aspettare delle ore, poi ci pagano in rame; se contiamo i soldi se n'hanno a male e poi se troviamo qualche soldo che non ha corso ci dicono che cerchiamo d'imbrogliarli.
Un altro contadino: – Quando i padroni ci danno qualche anticipazione, ce la fanno con grano di scarto

e pieno di terra. E noi dobbiamo restituire poi grano di prima qualità. Taluni hanno una doppia misura: il *tumulo* piccolo per dare e il *tumulo* grande per riscuotere! E per queste anticipazioni si pigliano il 25 per cento d'interesse, il 25 che diventa il 100 quando si tratta di poche settimane. Qualche padrone giunge perfino a spruzzare d'acqua il grano per farlo crescere; per vino poi ci danno dell'aceto. Per fargli vedere come ci trattano, tempo fa fu portato al delegato di P.S. un pane. Era così nero e pieno di terra che non lo potevano mangiare neppure i cani.
– E che cosa sperate dai Fasci?
Una contadina maritata (bella donna con denti candidissimi e grandi occhi pieni d'intelligenza): – Vogliamo che, come lavoriamo noi, lavorino tutti. Che non vi siano più né ricchi né poveri. Che tutti abbiano del pane per sé e per i figli. Dobbiamo essere eguali. Io ho cinque bambini e una sola cameretta, dove siamo costretti a mangiare, a dormire e a far tutto, mentre tanti signori hanno dieci o dodici camere, dei palazzi interi.
– E così vorreste dividere le terre e le case?
– No, basta metterle in comune e distribuire con giustizia quello che rendono.
– E non temete che, anche se si arrivasse a questo collettivismo, non venga fuori qualche imbroglione, qualche capo ingannatore?
– No, perché ci deve essere la fratellanza, e se qualcheduno mancasse ci sarebbe il castigo.
– In quali relazioni siete coi vostri preti?
– Gesù era un vero socialista e voleva appunto quello che chiedono i Fasci, ma i preti non lo rappresentano bene, specialmente quando fanno gli usurai. Alla fondazione del Fascio i nostri preti erano contrari e al confessionale ci dicevano che i socialisti sono scomunicati. Ma noi abbiamo risposto che sbagliava-

no, e in giugno, per protestare contro la guerra ch'essi facevano al Fascio, nessuno di noi andò alla processione del *Corpus Domini*. Era la prima volta che avveniva un fatto simile.
Una zitella (alzandosi e venendo a parlare in mezzo al circolo perché la sentissi bene): – I signori prima non erano religiosi e ora che c'è il Fascio hanno fatto lega coi preti e insultano noi donne socialiste come se fossimo disonorate. Il meno che dicono è che siamo tutte le sgualdrine del presidente.
Una vecchia: – Io ho avuto il marito malato per sette anni e andai al Municipio a dire che non potevo pagare il fuocatico. Mi hanno risposto che dovevo andare a servizio, ma che era necessario pagare.
– Ah! C'è anche qui la tassa del fuocatico?
Francesco Mastranga (vecchio contadino): – Sicuro, e anche la tassa animali. Dal fuocatico sono esclusi solo i mendicanti che dormono nei fienili. I mendicanti che hanno una cameretta devono pagare anch'essi. Per la tassa animali si paga ogni anno L. 10 per ogni mulo e L. 5 per ogni asino. Spesso sono bestie che non valgono tanto. Qualche volta facendo il ruolo sbagliano e mettono tre muli invece di due, come hanno fatto a me. Ho dovuto pagare trenta lire invece di venti. E alle mie proteste risposero: «Reclamerete poi». «Ma se», replicai io, «ho reclamato anche nel 1889, quando sbagliaste egualmente, e tutto fu inutile?».
Michelangelo Falsoni (consigliere comunale operaio): – Io vi posso dire poi, per averlo constatato nei ruoli, che certi signori i quali hanno, per esempio, venti muli, non ne mettono in nota che quattro, e nessuno si cura di verificare.
La contadina maritata (quella bella): – E i nostri muli servono a noi per farci campare, mentre i signori che non pagano ne hanno d'avanzo.

Un'altra contadina: – Non trovando qui lavoro, mio marito è andato in America, e, per campare, le mie due figlie hanno dovuto mettersi al servizio a Palermo. Sentendo che c'era il colera, la settimana scorsa io volli andarle a trovare. Non avevo da pagare il carretto e fui costretta ad impegnare qualche straccio presso uno strozzino, perché qui non abbiamo Monte di pietà, ma solo certi usurai che una volta erano poveri come noi.
Una terza contadina: – Quando poi si sono arricchiti molto, vanno a stare a Palermo o a Napoli, come i grandi proprietari, e lasciano qui noi alle prese con altri strozzini prepotenti, i quali ci dicono che per chi fa la legge non c'è legge.
Una zitella (quella che quando parlava si alzava e andava in mezzo alle compagne): – Infatti, quando un reato è commesso da un ricco, nessuno se ne cura, mentre il povero che ruba un pugno di grano per isfamarsi va subito in prigione.
Gaetano Scarola (un consigliere del Fascio): – Ne vuole un esempio? Il nostro compagno Paolo Carboni si trovava questa estate sull'aia dell'ex feudo Fissella quando il suo padrone Andrea Sclafani gli disse: «Tu non darai più il diritto di *cuccìa* al campiere, ora che appartieni al Fascio?». Paolo rispose: «Secondo: se il campiere misura con giustizia, glielo darò; se no, no». Il padrone si allontanò offeso. Poi quando cominciò la misurazione si avvicinò a Paolo, lo prese per il collo, gli cacciò la testa nel mucchio del grano e gli disse: «Te lo misura bene o ti ruba?». Paolo aveva in mano la pala, ma non fece neppure l'atto di alzarla, che lo Sclafani gli diede uno schiaffo. «Ma perché trattarmi in questo modo?», fece Paolo. Lo Sclafani, non contento ancora, tirò fuori il revolver e a bruciapelo gli esplose contro un colpo. Fortunatamente il proiettile invece di penetrare nel petto deviò nella parte superiore dell'omero. Lo

Sclafani non è stato arrestato neppure per un momento e dopo tre mesi da quel tentato omicidio non sappiamo ancora se si farà il processo.
Una sposa: – Vedete che per i poveri non c'è giustizia in Piana dei Greci! I signori dicono apertamente che ci vogliono ammazzare ad uno ad uno.
Gaetano Scarola: – S'è già cominciato. Nello scorso giugno il nostro compagno Demetrio Carnese, onestissimo uomo, fu trovato ucciso nell'ex feudo Aggiotto, in un declivio accanto ad una roccia. Siccome vicino al cadavere c'era una grossa pietra, si disse che doveva essere stato ucciso da quella pietra caduta accidentalmente dall'alto della roccia, e non se ne parlò più. Ma noi ci siamo recati sul posto e abbiamo constatato che se quella pietra, pesante più di mezzo quintale, fosse realmente precipitata dalla cima del monte, avrebbe orribilmente schiacciato il povero Demetrio e poi in forza dell'impulso sarebbe rotolata giù per la china. Noi ci siamo persuasi che in seguito ad una discussione sul Fascio, Demetrio è stato ucciso da qualche padrone con un colpo di calcio di fucile sulla tempia.
La bella sposa (ai contadini): – E non gli dite nulla dei baffi?
Un contadino: – Ah, già! Prima del Fascio, come in quasi tutta la Sicilia, anche qui noi contadini usavamo di raderci completamente la barba. Ma visto il modo con cui i signori seguitavano a trattarci, per protestare ci siamo tutti lasciati crescere i baffi, come vede. Ora i padroni ce l'hanno con noi anche per questo e ci minacciano dicendo: «Ce la conteremo questo inverno, quando avrete più fame di adesso. Vedremo se mangerete i baffi, allora!».
– Al Municipio – domandai – avete mandato come consiglieri alcuni dei vostri nelle ultime elezioni?
– Sì – mi fu risposto – e nelle prossime elezioni siamo

sicuri di essere in maggioranza: tutti gli elettori, meno i signori, fanno parte oramai del Fascio.

– Ma – continuai rivolgendomi alle donne – quando pure i vostri uomini fossero padroni del Consiglio, non potranno per questo levare le tasse.

– Lo sappiamo – saltò su a dire la contadina più intelligente, quella dai cinque bambini – che per ora i nostri consiglieri non potranno far altro che impedire gli abusi e le prepotenze dei signori, i quali finora comandavano anche nel Comune. Ma i Fasci nomineranno anche i consiglieri provinciali e i deputati, e quando alla Camera avremo una maggioranza socialista...

– I Fasci però non esistono finora che in Sicilia.

– Ma noi speriamo che sorgano presto anche nel continente. Voi vedete come si moltiplicano qui. Possibile che nel resto d'Italia i nostri fratelli che soffrono seguitino a dormire? Basterà che qualcheduno cominci a predicare anche là l'unione del proletariato. Anche noi fino alla primavera scorsa non sapevamo che cosa fossero i Fasci. Morivamo di fame e tacevamo. Eravamo ciechi. Non ci vedevamo.

– È appunto per impedire che si propaghino nel resto del regno, che qualcheduno vorrebbe sciogliere i Fasci siciliani. Voi siete in un'isola. Se il Governo vi circonda con qualche nave da guerra e manda qui molti soldati, che cosa volete fare?

– Morire gridando: *Viva il socialismo!* – dissero in coro uomini e donne alzandosi in piedi. – Farsi sfasciare la testa prima che sfascino i nostri Fasci. Il nostro Fascio esisterà finché uno dei suoi sarà vivo. Ma il nostro sangue griderebbe vendetta e sentendo che qui ci massacrano solamente perché domandiamo pane e lavoro, i contadini e gli operai d'Italia insorgerebbero alla loro volta.

Così dicendo, uomini e donne, circa un centinaio, mi circondavano, cogli occhi e coi gesti animati da una grande fede. Le contadine specialmente alzavano le braccia in atto di sfida.

– Vedete questa nostra compagna? – mi dissero poi mostrandomi una bella giovane diciottenne, formosa, dai grandi occhi neri, che col viso incorniciato dalla mantellina albanese di lana bianca aveva tutto l'aspetto di una vestale. – Durante l'ultimo tumulto ella si avanzò verso i soldati che avevano spianato le armi contro il popolo e disse loro: «Avreste il coraggio di tirare contro di noi?». Un soldato le rispose piano, per non farsi sentire dagli ufficiali: «Io per me ti do anche il fucile, se lo vuoi». Il capitano poi le disse: «Invitate le vostre compagne e i vostri uomini a gridare *Viva il Re! Viva l'esercito!* e tutto sarà allora finito». Così infatti avvenne. Da quel momento noi abbiamo scelto questa compagna per portabandiera della sezione femminile del Fascio.

Dritta come una palma, col viso soffuso da un leggero rossore, la portabandiera sorrideva serenamente.

– Un'altra domanda – feci io. – Le autorità e i signori accusano alcuni Fasci di accogliere nel loro seno anche dei pregiudicati per reati commessi. Ne avete iscritti voi?

– Sì – mi risposero francamente – ma non sono che tre o quattro su qualche migliaio di soci. E noi li abbiamo accettati per migliorarli, perché se hanno rubato qualche po' di grano lo hanno fatto unicamente perché spinti dalla miseria. Il nostro presidente ci ha detto che lo scopo dei Fasci è di dare agli uomini tutte le condizioni per non delinquere. In mezzo a noi i pochi pregiudicati sentono di appartenere ancora alla famiglia umana, ci sono riconoscenti di averli accettati come fratelli malgrado le loro colpe e faranno di tutto per non commetterne più. Se fossero cacciati anche dal popolo, commetterebbero altri delitti. La società dovrebbe anzi ringraziarci se li ammettiamo nei Fasci. Noi siamo per il perdono, come Cristo.

A me pareva impossibile di sentire dei rozzi montanari parlare proprio così.
– E quali vantaggi – seguitai sempre più sorpreso – avete ricavato finora dal vostro Fascio?
– Quello di migliorare i patti colonici. Alcuni proprietari, se non ancora completamente, hanno accettato in parte le condizioni stabilite dal Congresso di Corleone. Poi si fanno delle conferenze che sono la nostra scuola. Finalmente cerchiamo nelle sventure di aiutarci fraternamente fra noi. Quando muore un socio, come avvenne recentemente, facciamo una colletta e a furia di centesimi raggranelliamo qualche lira per la famiglia superstite. Così abbiamo aiutato la vedova del compagno trovato ucciso vicino alla pietra nell'ex feudo Aggiotto. Un giovane uscito l'altro giorno dall'ospedale e ancora inabile al lavoro è mantenuto da quelli fra noi che stanno meno peggio.
Mi accompagnarono poi a vedere la sede del Fascio degli uomini, che in albanese essi chiamavano *Domatë ë gghindevet cë scerbejn* (parole che tradotte letteralmente significano: unione della gente che lavora).
Era una rustica sala a pianterreno, a volta. La porta d'ingresso e le pareti erano tutte adorne di festoni di piante verdi di montagna per l'inaugurazione della bandiera delle donne.
In fondo, sopra il tavolo dei consiglieri della Società, spiccava una tabella che portava le parole seguenti: «Proletari di tutto il mondo, unitevi. Non gridate: *Viva i capi*, essi vi possono tradire. Lottate sempre nel nome del socialismo. La patria del proletariato è il mondo, la patria d'oggi appartiene ai ricchi e ai re. Noi la malediciamo».
Siccome alla lettura di queste ultime parole io arricciavo il naso:
– La patria *d'oggi*! intendiamoci bene – mi dissero – che noi amiamo al pari di ogni altro il paese dove siamo nati. Nel 1860 tutta Piana dei Greci sapeva il luogo preciso in

cui si erano fermati per un alt i volontari di Garibaldi, ma quando passarono poco dopo le truppe borboniche non si trovò uno solo in questo paese che volesse fare la spia e dire ai soldati napoletani dove si trovavano i garibaldini.
Mi condussero quindi a vedere la sede delle donne del Fascio, situata in una strada vicina e consistente in tre camere al primo piano, tutte inghirlandate con rami d'ulivo, alloro, ellera e altre piante rampicanti, con festoni adorni di pannocchie, melanzane, piccole zucche gialle e bacche rosse.
Nella stanza principale era spiegato il nuovo stendardo rosso, con queste parole ricamate in bianco dalle stesse socie: «Fascio delle lavoratrici – Piana dei Greci».
Una stanza più piccola serviva per il concerto e per la fanfara del Fascio. I suonatori erano quasi tutti giovinotti tornati da poco dal servizio militare. Essi stavano esercitandosi per imparare a eseguire l'inno dei lavoratori, che era la marsigliese dei Fasci:

Su! fratelli, su! compagne,
Su! venite in fitta schiera;
Sulla libera bandiera
Splende il sol dell'avvenir.
Nelle pene e nell'insulto
Ci stringemmo in mutuo patto;
La gran causa del riscatto
Niun di noi vorrà tradir.

Ritornello:

Il riscatto del lavoro
De' suoi figli opra sarà;
O vivremo del lavoro,
O pugnando si morrà.

– Le pigioni per queste sedi – finì col dirmi un consigliere del Fascio – sono per noi una spesa piuttosto forte, perché 150 lire all'anno ci costa il locale per gli uomini e 114 questo per le donne e per la musica. Ma le sosteniamo volentieri perché è indispensabile un luogo dove riunirsi per le sedute e per le conferenze. Ne potremo fare forse a meno quando tutti i consiglieri comunali saranno dei nostri; basterà allora la sala del Comune.

Conclusero col dichiarare che se il Fascio di Piana dei Greci era allora così compatto, lo si doveva al dottor Nicolò Barbato, uomo di trentadue anni, molto studioso (uno dei più colti socialisti siciliani e senza dubbio il più istruito fra i presidenti di Fasci), il quale esercitando la medicina là dove è nato, come medico libero, non comunale, faceva da tre anni la propaganda nelle famiglie dei contadini.

La scena di disordine del mese precedente, susseguita da ben 37 arresti, mi fu così raccontata dai soci del Fascio:

– Il popolo era in fermento perché, appena saputo che il colera sviluppavasi a Palermo, aveva chiesto in vano un cordone sanitario. La collera aumentò quando si vide che una donna malata veniva chiusa in una stalla, e scoppiò quando rimase senz'acqua. Fu allora che si invase il Municipio e che si spezzò il filo telegrafico che ci congiunge con Palermo. Non vi fu però alcun ferimento, sebbene per otto ore la popolazione fosse rimasta assoluta padrona del paese. Tutte le vendette si ridussero al gettare dalle finestre del Municipio, non però sulla gente, un tavolo e quattro sedie. Un ragazzo stava per istaccare i ritratti del re e della regina, ma noi intervenimmo e dicemmo che quelli non si dovevano toccare. E non furono toccati. Sopraggiunte le truppe e operatisi poi gli arresti, parecchi di noi, armatisi, si rifugiarono in campagna per non essere carcerati; ma appena il dottor Barbato ebbe dal questore di Palermo l'assicurazione che non si sarebbero operati altri arresti, tutti tornarono al paese. Fra gli arresta-

ti c'era anche una donna nell'ottavo mese di gravidanza. Vennero rilasciati dopo sedici giorni.
Avendo io ricordato che il dottor Barbato era ancora sotto l'accusa di eccitamento all'odio fra le classi e per associazione di malfattori:
– Se mai – dichiararono i contadini del Fascio – l'associazione siamo noi, 2.500 uomini e 1.000 donne, e devono mettere dentro noi tutti. Ma a chi abbiamo fatto male noi, che domandiamo solo un pezzo di pane?
Così parlavano i soci del Fascio di Piana dei Greci.

IV
La terra

«Terra quanti vidi, pirchì
è la terra chi fa la casa».

«Lu gaddu 'ntona lu risbigghiarinu:
vaja, 'Nniria, è ura nni levamu!
e mentri chi ringraziu a Diu divinu,
mi vestu e pigghiu la zappa a li manu,
lu saccuneddu cu lu pani e vinu:
– Bisogna, Catarì, chi caminamu –.
E cu primura mi mettu 'n caminu
a ghiornu a puntu a l'antu nn'aggiuntamu».[6]

* * *

Patti colonici stabiliti dal Comitato agricolo per l'anno 1893-94[7]

Stabilita come base la mezzadria, ed abolito il *terraggio terratico*, la terra è sempre apprestata dal proprietario ed anche la semente a fondo perduto: cioè, realforte, biancuccia, gigante, scavorella ed altro, salma un mez-

[6] «Il gallo canta il risveglio / forza, Andrea, è ora di alzarsi / e mentre che ringrazio Dio / mi vesto e prendo la zappa / e il piccolo sacco con il pane e il vino: / – Caterina dobbiamo alzarci –. / E mentre albeggia mi metto in cammino / e alla prima luce del giorno mi riunisco con gli altri per lavorare». Andrea Albano da Borgetto, poeta contadino, *Lu lamentu di lu Jurnateri*, in Salvatore Salomone Marino, *Costumi ed usanze dei contadini di Sicilia*, Remo Sandron Editore, Palermo, 1897.
[7] Congresso di Corleone 30 luglio 1893, in Archivio di Stato Palermo, cat. 20, f. 154.

zo pari ad ettari 3.09,6 per ogni salma. Timilia, salma un mezzo pari ad ettari 3.09,6 per ogni salma di terra di estensione pari ad ettari 2,68.
Quando la coltivazione della terra viene fatta con il lavoro umano, l'intiera produzione viene divisa in parti uguali, tra colono e proprietario senza tener conto della qualità della terra.
Se la cultura delle terre galibe il colono la fa con l'aratro, deve compensare al padrone tumuli 6 di frumento prelevandolo dalla metà. Avvenendo il caso di sopra con le terre (ristoppie) la rivalsa è di tumuli 5.
Qualora un proprietario concede terre per la semina delle fave la convenzione è intesa per due annualità nel modo seguente: il primo anno il padrone appresta terra e concime ed il colono esegue tutti i lavori a cominciare dal caricare il letame dal posto in cui trovasi al sito da concimare e così di seguito fino alla fine, mettendo lui la sementa delle fave e resta padrone assoluto dell'intera produzione. L'anno appresso il proprietario appresta terre e seme frumento nelle proporzioni anzidette, restando l'obbligo al colono di rivalere al padrone con tumuli 12 di frumento per ogni salma e ciò dalla sua metà. Qualora il proprietario prepara la terra arandola una sola volta (fiaccatina) il mezzadro deve rivalerlo con 10 tumuli di frumento per ogni salma di terra dalla sua parte. Se la terra sarà arata due volte (fiaccatina e rifondimento) la rivalsa come sopra raggiunge i tumoli 16.
Ove poi le arature saranno tre o poco più la ripartizione avviene a terzo, cioè due terzi il proprietario ed un terzo il lavoratore.
La semente dell'orzo è fissata a tumoli 26 e della avena in tumoli 28 sempre a fondo perduto, solo che il mezzadro deve prelevare e restituire al padrone della sua produzione la metà della semente avuta e ciò per ogni salma di terra coltivata.

La spigolatura dopo usciti i covoni è facoltata al colono e di quest'ultimo è l'intero ricavato.
Durante l'anno colonico se al mezzadro occorre pane, il padrone deve soccorrerglielo salvo a ritenersi frumento sul raccolto e ciò nelle proporzioni di n. 9 pani di kg 1,600 ciascuno per ogni tumolo di frumento.
Il padrone percepisce un tumolo del prodotto a titolo di diritto di custodia, solo nei casi 1 e 2 questo diritto viene aumentato a tumoli due e ciò prelevando sempre dalla metà del prodotto spettante al mezzadro.

* * *

Il terraggio era una variante peggiorativa del vecchio contratto di colonia parziale che garantiva al proprietario una predeterminata quantità di prodotto qualunque fosse la produzione annuale del fondo concesso. Era questo un tipo di rapporto che riservava al concedente, per ogni unità di misura di terreno, una quota che prendeva a riferimento il cosiddetto «terraggio», corrispondente ad un ettolitro di grano per ogni ettaro di terra coltivata. Nel caso in cui la concessione prevedeva due, tre, quattro «terraggi» la quota garantita al concedente, per ogni ettaro di estensione, doveva risultare, di due, tre, quattro ettolitri di frumento. Questa quantità di prodotto veniva prelevata dalla intera produzione e, da quanto rimaneva, venivano detratte le sementi e il corrispondente degli eventuali prestiti ricevuti dal contadino nel corso dell'annata agricola, con l'esoso interesse (*àddita*) che non era mai inferiore al 25 percento.[8] Dalla parte del contadino si toglievano poi il diritto di guardia, il diritto di messa per il prete, il diritto di estimo, il diritto di sfrido, il dirit-

[8] Benito Li Vigni, *Le pietre in tasca*, Cappelli Editore, Bologna, 1989.

to di *cuccìa* (frumento bollito) o maccherone al campiere, il diritto del *galletto* e così via.[9]

* * *

«Ma a lu tirari poi di li cunti,
guarda, la sorti che l'happi fallanti!
Gregni na chidda, la timogna un munti,
ed ogni spica era grossa du' tanti!
E pisa, e spàgghia, e cerni, e metti a munti,
ma ch'era opra di li Leramanti?
Cà di frummentu 'un nni vitti du' junti:
l'occhi happi chini e li manu vacanti».[10]

[9] Giovanni De Francisci Gerbino, *Una grande riforma agraria: la colonizzazione del latifondo siciliano*, in «Giornale degli Economisti e Annali di Economia», Nuova Serie, Anno 2, No. 1/2 (Gennaio-Febbraio 1940).

[10] «Ma tirando poi i conti / guarda come la sorte mi ha ingannato! / I covoni tantissimi, la bica alta come una montagna / e ogni spiga era grossa due volte! / E trebbia, e spaglia, e vaglia ed ammonticchia / ma che era, opera di Negromanti? / Che di frumento non ne ho visto che due manciate: / gli occhi li avevo pieni e le mani vuote». Giovanni Troja, poeta contadino di Montelepre, *La ricôta di lu Burgisi doppu n'annata di fatja*, in Salvatore Salomone Marino, op. cit.

V
Le stragi

«Quest'anno a Natale, il Bambino nascerà con la camicia rossa!».

Si va al cimitero per una via che sale leggermente ad un colle. Nel piccolo campo dei morti, a sinistra, stavano schierate le casse che serrano i poveri uccisi. Ce n'era una, grande: una vecchia barella tinta di grigio con due larghe fasce di nero che s'incrociavano. Il custode, levato una grossa pietra da su il coperchio, lo sollevò. Nella vecchia barella avevano messo due cadaveri: uno su l'altro: uno con la faccia sotto i piedi dell'altro! Sopra, stava un ragazzo; era morto dopo una lunga agonia e aveva gli occhi a pena socchiusi, e sul viso profilato ancora un'espressione di angoscia. L'altro era un uomo, con un po' di barba sotto il mento. Aveva i grandi occhi neri sbarrati: era morto nel vigor della vita, fulminato, e quegli occhi vitrei che dal corpo supino guardavano il cielo, pareva invocassero, ancora morti, il Cielo: pareva che quello sguardo, con una serenità lunga di eroe, dicesse: «O Signore, Signore! vedete...».

Dopo altre casse, fatte di tavole bianche, ce n'era una, piccola, foderata di roba celeste; povera roba ma immacolata. Io volli vedere l'innocente piccola vittima che forse non aveva nemmeno gridato! e pregai il custode di schiodare la cassa.

La bambina era grande per i suoi nove anni. Giaceva, con la testina un po' volta da un lato e le braccia distese lungo i fianchi. Non aveva ancora la rigidità della

morte e la sua faccia era rossa, e sulla bocca, coperta di bava, colava dal naso una schiuma sanguigna che gorgogliava ancora, a intervalli che pareva avessero la regolarità del respiro.
– Ma è viva! – esclamai. Il custode sorrise. – Viva?... – e ripose il coperchio. Oh era morta davvero, povera bimba ricciuta! Era morta davvero, misera madre derelitta, ora! povera madre straziata che nella disperazione della sua pena ebbe pure la forza di rivestire il cadavere della sua creatura; di chiudere gli occhi alla sua bimba morta; di foderare di roba celeste la cassa nella quale dovevano chiudere, per sempre, la figlia sua uccisa; nella quale dovevano portarle via, per sempre, la figlia sua perduta!

[Benedetto Salemi, *Cronache da Santa Caterina*, «Il Siciliano», 9-10 gennaio 1894].

* * *

A Caltavuturo, piccolo paese agricolo della provincia di Palermo, la miseria era ed è grande. Vi sono nel paese beni patrimoniali del Comune ed un demanio comunale, che gli amministratori danno in affitto.
Il popolo pensava e diceva che in questi affitti avvengono disoneste partigianerie; pensava e diceva che gli amministratori della cosa pubblica e i maggiorenti usurpavano impunemente le terre del popolo; onde non men grande della miseria era il malumore contro l'amministrazione comunale e i maggiorenti.
Ci furono inchieste e processi e se le accuse risultarono esagerate, non furono però dimostrate infondate. Il popolo esasperato decise di rendersi da sé quella giustizia invano chiesta e da tempo attesa, e il 20 Gennaio va nelle terre demaniali, come a festa, per pren-

derne possesso e zapparle. E zappano la terra, senza sapere se potranno seminarla e molto meno se potranno raccogliere il prodotto dopo averla bagnata coi propri sudori, e tornano sereni e contenti al paese colla intenzione di andare a zappare altra tenuta del Comune all'estremo opposto; ma giunti nella piazza vicino al Municipio trovano la via sbarrata da soldati, carabinieri e guardie campestri: in tutto una ventina di uomini di fronte ad oltre mille contadini armati di zappe. Non intimazioni, non squilli di tromba, nulla che possa dar parvenza di legalità alla condotta della forza pubblica, la quale, chiamata a fare le vendette degli usurpatori, minacciati dal popolo che voleva rivendicare i propri diritti – i diritti della collettività – fece una scarica micidiale lasciando sul terreno contadini morti e feriti, mentre non *un solo* tra gl'iniqui aggressori venne ferito o contuso; ed erano 20 gli aggressori contro 1.000 aggrediti!
L'on. Giolitti, Ministro dell'Interno e Presidente del Consiglio, da me e da altri interpellato, riconobbe la gravità del fatto del 20 Gennaio; promise che i colpevoli sarebbero stati puniti, disse che un processo era stato iniziato, che giustizia sarebbe stata fatta!
Giammai ministro dinanzi ad un Parlamento pronunziò tante menzogne e con tanto cinismo. Se ne giudichi: non fu sottoposto a processo, nè destituito chi ordinò il fuoco senza alcun bisogno; chi l'ordinò senza farlo precedere dagli squilli di tromba; non fu iniziato processo contro chi vilmente tirò un colpo di revolver al contadino Moscarella, che, già ferito!, erasi rannicchiato dietro una porta; non si processarono gli usurpatori del demanio comunale. No! Si arrestarono e si processarono, invece, alcuni disgraziati lavoratori della terra, che ebbero la fortuna di sfuggire al massacro. E meno male che furono assolti.

A Caltavuturo non c'era *Fascio*, ma una semplice cooperativa di consumo invisa ai galantuomini perché utile ai contadini: né c'era mai stata l'ombra della propaganda socialista. Sorse il *Fascio* all'indomani della strage come reazione contro il governo e contro i suoi complici locali.

A Milocca, a Sutera, ad Acquaviva, a Campofranco, zona esclusivamente agricola della provincia di Caltanissetta, i contadini si erano riuniti in *Fasci*. Le autorità e i maggiorenti fecero di tutto per farli sciogliere: più volte ne violarono il domicilio, ne minacciarono i membri, ne arrestarono i capi coi pretesti più futili; li processarono e nei processi furon assolti o per inesistenza di reato o per mancanza di prove.
I contadini tennero duro, specialmente a Milocca dove colla loro unione costrinsero quasi tutti i proprietarî a concedere più equi contratti agrarî. I proprietarî toccati nell'interesse se la legarono al dito e si proposero di riprendere con mezzi scellerati ciò ch'erano stati costretti a concedere colle vie legali – coll'applicazione più schietta della famosa libertà del contratto.
Un brutto giorno dell'ottobre si va a denunziare al brigadiere dei carabinieri un curioso reato: un mucchio di concime, il cui valore non arrivava alle L. 20, di proprietà di un certo Cipolla, era stato sparso nelle sue stesse terre. Si premetta che il Cipolla era stato tra i pochi proprietarî di terre a Milocca – viveva altrove – che non era venuto a patti coi contadini del *Fascio*; chi poteva, dunque, commettere quel grave reato per vendicarsi del proprietario renitente?
Il *Fascio*! In forza di questa strana logica le autorità procedono all'arresto del Cannella, Presidente, e di tutto il Consiglio direttivo del sodalizio e li sottomettono a processo per associazione a delinquere... E si parla misteriosamente di liste di proscrizione rinvenute presso i socî

del *Fascio*, di pugnali, di formule terribili di giuramento, di preparate spartizioni di terre...
Le donne di quell'ameno villaggio, le quali non sono meno gagliarde degli uomini, indignate di quella che a loro sembrava infame prepotenza, insorgono in numero di 500, assaltano la caserma dei carabinieri, ne sfondano le porte e liberano i cinque arrestati della vigilia. Non un solo uomo si unì alle donne; e di fronte a questo esercito infuriato, ma inerme, i carabinieri non ebbero cuore di far fuoco e perciò non si deplorarono morti o feriti. Delle intenzioni delle donne, che non si seppero rassegnare a vedere arrestati ingiustamente i mariti e i figli, se ne ha la prova in questa circostanza: ebbre di gioia per la liberazione dei prigionieri, s'impadronirono delle armi dei carabinieri, non per adoperarle, ma per condurle in trionfo; e in trionfo condussero sulle loro braccia, baciandolo in volto, un carabiniere che si era mostrato più umano e pietoso verso di loro.
Quando il De Rosa, degno strumento di qualsiasi governo ferocemente reazionario, seppe in Caltanissetta della terribile rivolta femminile, mandò sul luogo truppa, carabinieri, delegati e giudici. Si sparge in un baleno la notizia della imminente repressione: gli uomini a cavallo e armati di fucili prendono il largo decisi a vendere cara la loro libertà. Le autorità arrestano a casaccio sette uomini e trentadue donne, che traducono ammanettate – alcune gestanti, altre coi loro bimbi lattanti sulle braccia! – nelle carceri di Mussomeli.
Il Cannella, Presidente del *Fascio*, intelligente ed energico quanto mai, vide tutta la desolazione dello abbandono delle case e tutto il pericolo di tanti uomini armati e risoluti, che avevano preso la campagna e conscio com'era della loro innocenza li consigliò a ridursi nel villaggio. Non fu ascoltato, perché gli altri contadini volevano la promessa di qualcuno il quale avesse potuto difenderli all'occorrenza, che non sarebbero stati arresta-

ti rientrando pacificamente nelle rispettive abitazioni. Pensarono che quella persona potevo essere io onde il Cannella accompagnato da altri tre venne in Castrogiovanni ad invitarmi perché andassi a Milocca. Accettai e insieme al sig. E. Fontanazza, al signor Castiglione e al sig. Garofalo, Presidenti dei *Fasci* di Castrogiovanni, di Grotte e di Siculiana, riuscii ad indurre i contadini, che a schiere si presentarono a me lungo la via da Grotte al villaggio, a rientrare nelle loro case e persuasi anche i liberati del giorno innanzi a costituirsi alle carceri. L'opera mia e dei miei amici e del Presidente del *Fascio* di Milocca fu da veri uomini di ordine, che mostravano fede nella magistratura; e ad onor del vero devo confessare, che in questa occasione essa meritò la fiducia. Eravamo al 1° Novembre, giorno dei *Morti*, che si rispetta dai contadini e dagli zolfatari coll'astensione dal lavoro e ripartimmo nel meriggio da Milocca per Grotte per riprendere il treno, che doveva restituirci alle nostre case. I contadini di Milocca in massa, con l'avv. Vella Presidente del *Fascio* di Racalmuto, ci accompagnano sino a mezza strada; dove per fare più presto ed arrivare in tempo a non mancare il treno si mutò itinerario ed invece che a Grotte c'indirizzammo a Racalmuto. Qualcuno per iscorciatoie scabrose, ci precorse ed avvisò la cittadinanza del nostro imminente arrivo; una imponente dimostrazione fu improvvisata che ci venne incontro preceduta del rosso gonfalone e dalla fanfara del *Fascio*, e, percorso tranquillamente il paese per lungo e per largo, ci accompagnò alla stazione. Non un grido sovversivo fu emesso, non il menomo disordine fu deplorato, come poscia unanimemente deposero innanzi al Tribunale di Girgenti gl'impiegati ferroviarî e parecchi altri cittadini nè *radicali* nè socialisti; eppure nel momento in cui arriva il treno e ci scambiamo affettuose strette di mano, senza intimazione, senza avvisi, senza il benché menomo pre-

testo, un carabiniere ed un maresciallo si scagliano all'improvviso sul portabandiera e gli strappano il gonfalone. Il popolo sbalordito e indeciso per un istante, reagisce, riprende lo stendardo ch'è fatto in mille pezzi, mentre i carabinieri impugnano le rivoltelle e sono trattenuti dal tirare da molte braccia di nerboruti lavoratori.
Il maresciallo mira su di me replicatamente e mi costringe a gettarmi nella mischia per legittima difesa e per contribuire a disarmare quei due forsennati. Riusciamo nell'intento e si restituiscono le rivoltelle al carabiniere e al maresciallo entro la stanza del capo stazione dopo avere ottenuto promessa formale che non le avrebbero più adoperate; raccomando calorosamente ai lavoratori di sciogliersi e di evitare ogni possibile pretesto a nuovi abusi della forza, e ripartiamo.

E mi fermo alle scene di Valguarnera, perché furono caratteristiche. Ivi non c'era *Fascio*; chi si era adoperato a farlo sorgere aveva dovuto rinunziarvi per mancanza assoluta di elementi adatti, per il *lealismo* monarchico ed anche conservatore di cui facevano mostra a gara i partiti amministrativi in aspro antagonismo tra loro.
Il malessere economico, però, per la crisi zolfifera ed agraria vi era profondo e generale; il fermento nel popolo e la indignazione contro le autorità raggiunsero le proporzioni più alte per la inettitudine, per la imprudenza e per la prepotenza mostrata dal locale delegato di Pubblica sicurezza il giorno 4 dicembre nella miniera di Grottacalda, in occasione della festa di Santa Barbara organizzata dalla amministrazione – composta da persone temperatissime – e alla quale avevano preso parte parecchie migliaia di pacifici lavoratori di Piazza Armerina, di Castrogiovanni e di Valguarnera.
In questo stato di animi e con tali autorità il giorno 25 un zolfataro, un certo Di Dio – sopranominato *Cotto-*

naro – assai malvisto, comincia ad arringare il popolo esponendo propositi sovversivi, come li qualificarono gli avversari. Il delegato, che non aveva ai suoi ordini se non due carabinieri, volle arrestare l'improvvisato tribuno in mezzo ad una folla di alcune migliaia di persone. Non solo: quando la folla ne chiede la liberazione, un carabiniere spara un colpo di rivoltella. Allora si scatena il furore dei dimostranti...

Il delegato ed il sindaco scappano e si nascondono; i carabinieri si chiudono nella caserma e i tumultanti rimangono padroni del campo: interrompono le comunicazioni telegrafiche, liberano i detenuti, devastano e incendiano la casa del sindaco, la pretura, gli uffizî pubblici, saccheggiano diverse case e negozî. I danni prodotti sorpassano il milione di lire – ma credo che la cifra sia stata molto esagerata. Nei tumulti di Valguarnera si ebbero a deplorare parecchie rapine che – sia detto ad onore del popolo – non si ripeterono in nessun altro luogo. Spesso anzi ci fu fanatismo nel mostrarsi onesti; e nella stessa Valguarnera, quasi a compenso, si ricorda che i tumultanti posero in cimento la propria vita per salvare alcuni fanciulli in una casa cui avevano appiccato l'incendio. Le rapine si spiegano col fatto che passato il primo momento non restarono a spadroneggiare se non una trentina di malviventi, che non miravano ad altro se non a rubare. Non ci furono morti; e ci fu un solo ferito per un colpo tirato da un carabiniere. All'indomani, all'arrivo della forza e del Prefetto si fecero circa 300 arresti, tra cui molte donne; la massima parte dei liberati dal carcere andarono a costituirsi. Non si riuscì, però, a riprendere il Cottonaro, promotore primo dei disordini; solo dopo parecchi mesi esso si presentò spontaneamente e si afferma da un altro canto, che molti che furono maggiormente responsabili delle rapine e degli incendî si assicurarono la impunità facendola da delatori e mettendosi ai servigî delle autorità politiche e amministrative, denunziando cittadini onestissimi, facendoli arrestare o costringendoli a fuggire. E i latitanti, infatti, furono a centinaia.

Sangue, e in che misura!, era stato versato a Caltavuturo in principio del 1893; sangue si continuò a versare a Serradifalco, a Catenanuova, ad Alcamo; ma dopo alcuni mesi di sosta nello svolgersi della triste cronaca, nessuno si attendeva che si dovesse ricominciarla e continuarla più luttuosa che pel passato!
Ricomincia a Giardinello. Giardinello è un piccolo paese di 800 abitanti. Sul conto dell'amministrazione comunale e del sindaco Caruso le più contraddittorie notizie corsero. Io sento il dovere di dire che persona degna di fede a me assicurò che il Caruso amministrasse paternamente; ed egli stesso in una lettera al Direttore della «Tribuna» si scagionò con apparenza di verità di molte accuse lanciate contro di lui.
D'altra parte persona non sospetta di tenerezze per la causa dei lavoratori rivelò allo stesso corrispondente della «Tribuna» che il municipio di Giardinello era una vera e propria *Marcita* – termine lombardo adoperato dall'interlocutore –, un feudo del Sindaco. Il *Fascio*, presieduto dal sig. Piazza, aveva chiesto da tempo delle riduzioni di tasse: sul focatico, sulle vetture, sui dazî di consumo; il sindaco aveva promesso di provvedere almeno in parte, ma invece nei nuovi ruoli vi fu maggior rigore e minore equità che nei primi.
Quali che siano le ragioni dell'una parte e dell'altra, la catastrofe, che ne seguì e che commosse l'Italia rimane ingiustificabile ed è tuttora inesplicata.
Il giorno 10 dicembre, domenica, all'uscire dalla messa, nella piazza della chiesa si formò una dimostrazione al grido: *Abbasso le tasse e il Municipio*, quindi alcuni socî del *Fascio* andarono dal sindaco per cercare di

comporre la faccenda e lo trovarono dinanzi la porta di casa sua; alla richiesta dei dimostranti egli rispose che *non ci aveva colpa, che se ne lavava le mani*, *che la colpa era tutta dei consiglieri* e che *potevano fare il diavolo a quattro, lui non si sarebbe disturbato per questo*.
E dopo avere così consigliato la calma ed evitato un grave pericolo, il sindaco montò le scale che conducevano nel suo studio, e vi rimase lungamente. I dimostranti seguitavano a gridare sotto i balconi del sindaco, il quale a calmare gli *spiriti bollenti* applicò loro una cura idroterapica buttando molta acqua e fresca su tutte quelle teste riscaldate.
L'effetto della cura fu immediato: la folla non si ribella al brutale trattamento e corre invece – trascinata certo da qualche mestatore – al palazzo municipale, dove, eccitata certo da chi aveva interesse che documenti compromettenti fossero distrutti, comincia la devastazione, l'incendio; e tutti gli armadi, le sedie, i registri sono posti l'uno su l'altro e le fiamme avide distruggono ogni cosa.
Dopo, i tumultuanti continuarono a percorrere le vie del paese seguendo una donna che portava in alto il ritratto del re e della regina.
Appena cominciati i primi disordini, un carabiniere partì per Montelepre a chiamare dei rinforzi ed è falso che contro costui siano stati tirati quattro colpi di fucile andati a vuoto.
Conosciutasi la notizia a Montelepre partivano 5 o 6 carabinieri e 22 bersaglieri comandati dal sottotenente Cimino, alla volta di Giardinello e quivi giunti si disposero a traverso la strada principale tra la casa del sindaco e il Municipio.
La folla impavida, forte forse del talismano che portava, andò incontro ai soldati sempre con lo stesso grido: *Abbasso le tasse*... Il sottotenente tenta invano di calmare i dimostranti i quali per l'avanzarsi di quelli che stavan die-

tro minacciavano di rompere il cordone della truppa. Fu allora che il sottotenente esclamò: «Allontanatevi o sarò costretto a dare ordine di caricare le armi». I più vicini tornarono indietro, il presidente del *Fascio* alla contadina che portava il ritratto del re disse: *Suruzza, jamuninni vasinnò nni sparanu* (sorella, andiamo se no ci sparano). E quando tutto volgeva pel bene, una fucilata sinistramente risuonò. Fu questo il segno dell'eccidio, sparano i soldati, sparano i carabinieri e le grida disperate e i lamenti dei feriti, il pianto di tutti resero lo spettacolo selvaggio e commovente. Anche i poveri soldati spaventati corsero come forsennati per la campagna.

Allora, seminata la via di feriti, la folla uccide il messo comunale che, sogghignando, mostrava il suo compiacimento per tanti caduti.

Chi ordinò il fuoco? Donde partì la prima fucilata? Le voci più disparate corsero in proposito, ma il mistero non fu svelato.

I morti furono 11, dei 12 feriti portati all'ospedale di Palermo 9 furono dichiarati in pericolo di vita. 5 solamente furono colpiti con palle a mitraglia e gli altri da palle non tirate da militari, vi furono pure uomini feriti da *quadretti e migliarini*.[11]

[11] La prima fucilata uccideva il piccolo fittavolo Salvatore Iacona, di 42 anni, da Montelepre, che era fra coloro che stavano a guardare. Due compagni dello Iacona, vedendolo cadere, avevano ritenuto che egli si fosse chinato per scansare i proiettili e fecero altrettanto. Sul terreno rimanevano 7 cadaveri, quelli di Politi Giovacchino, Licari Anna, Geloso Vincenzo, Talluto Giuseppe, De Luca Giuseppe, Giuliano Giuseppe e Iacona Salvatore, tutti alla distanza di pochi metri l'uno dall'altro. La Licari Anna, che era la donna che portava il ritratto del re, giaceva colpita al petto da una scarica di mitraglia che aveva attraversato il quadro. Il Giuliano era caduto colpito pure nella parte anteriore trasversalmente all'asse della strada con la faccia rivolta verso la casa del sindaco e le spalle alla residenza municipale. Il Talluto giaceva davanti la casa di abitazione del capo delle guardie campestri, che era attigua a quella del sindaco, disteso supino perpendicolarmente all'asse della strada, con i piedi rivolti alla porta della casa. (Cfr. Salvatore Francesco Romano, *Storia dei Fasci siciliani*, op. cit.).

A Giardinello, precisamente come a Caltavuturo, le autorità non seppero trovare un colpevole tra coloro che spararono. Ne trovarono bensì a decine tra i poveri contadini che avevano partecipato alla dimostrazione e che si ebbero in pena dal Tribunale militare anni ed anni di reclusione!

Dopo Giardinello, Lercara. Anche qui c'è miseria grande derivante in gran parte dalla crisi zolfifera, anche qui ci sono odî inveterati e feroci tra alcune famiglie che si disputano con tutti i mezzi l'amministrazione comunale, qualcuna delle quali si afferma che abbia soffiato nel fuoco. E il fuoco divampò il 20 dicembre in una dimostrazione coi ritratti del re e della regina al grido di: *Abbasso le tasse! Abbasso il sindaco!* Si viene a colluttazione colla forza e rimangono feriti o contusi alcuni uomini della forza, tra i quali il delegato di Pubblica sicurezza ed un tenente delle truppe. Durante la notte e all'indomani arrivano altre truppe. Il sotto prefetto di Termini-Imerese – che arringa il popolo da un balcone durante una nuova dimostrazione seguita da incendi dei posti daziari, da devastazioni e da saccheggi – è male accolto e costretto a scappare. Avviene un'altra colluttazione nella quale vengono uccisi undici cittadini e feriti molti altri! Contro i soldati la folla non adoperò che sassi e bastoni.

Il giorno 2 gennaio è la volta dell'eccidio di Gibellina. Ha qualche cosa di specialmente lugubre; e di esso si avvalsero gli uomini del governo per denigrare il popolo, che in un momento di furore cieco uccise il pretore Casapinta. Ma perché? Quando?
Narriamo. Gibellina conta circa 10.000 abitanti ed è dedita esclusivamente all'agricoltura. Si afferma da molti che vera miseria non vi sia e che vi siano numerosi i piccoli proprietarî – di quella categoria però, che l'on.

Damiani paragonò ai proletarî perché la proprietà di una catapecchia o di un campicello non basta a sfamare. Certo è che la emigrazione vi si accrebbe notevolmente negli ultimi anni; e questo è indizio sicuro di malessere economico. È certo del pari che le tasse comunali, specialmente quella sugli animali e il focatico, vi erano pesanti ed invise e che era grande il risentimento contro le autorità politiche – rappresentate dal delegato di P.S. – per i fatti del 4 novembre narrati avanti. Vi sono i soliti partiti locali, i cui caporioni si odiano reciprocamente; quello al potere, protetto dalla Prefettura di Trapani, qualificato addirittura tirannico, si dice abbia considerato la cassa comunale come lo sfamatoio della propria famiglia e dei propri adepti. Gli oppositori, ricchissimi, si vuole che abbiano soffiato nel fuoco; regalarono una bandiera al *Fascio* – essi che in fondo sono conservatori – e si rimproverò loro – stranissimo rimprovero! – che dessero agli operai un salario più elevato degli altri.
Questo l'ambiente dove si svolsero i fatti del 2 gennaio. Da parecchi giorni si buccinava che si doveva fare una dimostrazione contro il municipio: corsero trattative di conciliazione tra i partiti; si cercò dare soddisfazione alla opinione pubblica dal sindaco, accettando alcune delle proposte messe avanti dal *Fascio*, il cui presidente sig. Palermo si cooperò sempre per mantenere la calma e l'ordine; a quasi tutte le trattative presero parte attiva il capitano Macchi del 37° fanteria, e il pretore Casapinta e la loro fu azione lodevole. Ma ciò che chiedevasi con maggiore insistenza erano le dimissioni del sindaco e del consiglio; cosa che non potevasi ottenere, come disse il capitano, perché il sindaco di dimissioni non voleva assolutamente saperne!
Nel giorno dell'eccidio il municipio era occupato militarmente e il capitano trovavasi nella sala del Consiglio, mentre la folla appressavasi gridando come sempre: *abbasso il*

Sindaco! abbasso le tasse! abbasso il consiglio comunale! Erano circa tremila persone con alla testa la bandiera del *Fascio*, che fu issata al balcone della casa municipale dov'erano riuniti il Capitano Macchi, il sindaco e molti altri che discutevano sui provvedimenti da prendere.
Ad un tratto comincia il fuoco contro la popolazione inerme: quattordici caddero morti immediatamente. Non vi furono squilli di tromba e i soldati spararono sulla folla a bruciapelo. Il numero dei feriti fu grandissimo e non potè esser mai esattamente constatato perché tutti si nascosero, sapendosi che anche i feriti gravi venivano arrestati e condotti a Trapani: ad un certo Tramonte fu amputato il braccio nelle prigioni di Trapani e gli si negò di poter rimanere a casa guardato a vista.
Compiuta la strage i soldati – per ordine del Capitano Macchi, che rapidamente discese dalla casa comunale appena sentì le fucilate – si ritirarono, e Gibellina rimase in balìa del popolo giustamente esasperato. Fu allora che venne ucciso a sassate ed a bastonate il povero pretore Casapinta, ch'era stimato da tutti e che si era cooperato ad impedire la catastrofe; ma ciò avvenne per isbaglio, gli addebitarono il comando del fuoco, essendo stato scambiato pel delegato di Pubblica Sicurezza, Vincenzo Trani, che alle antiche aveva aggiunto nuove ragioni di odio contro di sé.
Costui fu generosamente ricoverato da un farmacista, e si salvò, fuggendo travestito, dall'ira di quel popolo il quale contro di lui sarebbe forse stato implacabile.
Per alcuni giorni Gibellina rimase assolutamente senza forza e senza autorità; eppure non vennero molestati coloro, che erano considerati come i veri promotori dell'eccidio!
A Gibellina si sa almeno su chi fare ricadere la colpa immediata della catastrofe. Il capitano Macchi allontanò da sé la responsabilità dell'accaduto; e non gliene spetta, poiché è voce generale da nessuno sinora smentita che il fuo-

co venne ordinato del delegato di P.S. affacciatosi dal balcone del Municipio. Il luogotenente che in piazza trovavasi alla testa dei 35 soldati credendo che l'ordine fosse partito del capitano comandò il fuoco. Per colmo di odiosità le guardie campestri, ligie al sindaco, nascoste in un campanile vicino – ciò che farebbe supporre una certa premeditazione – tirarono ripetutamente sulla folla. Quando le autorità governative ripresero possesso del disgraziato paese dove regnava lo squallore, si fecero arresti in massa e si vuole che la maggior parte degli arresti avvenissero nelle file dell'opposizione e su di una lista compilata dal partito che stava al potere.

[Napoleone Colajanni, *Gli avvenimenti di Sicilia e le loro cause*, Remo Sandron Editore, Palermo, 1895].

* * *

Da Pietraperzia, 2 gennaio 1894 – ore 19.45

Sin dalle prime ore di ieri si cominciò a notare una insolita animazione. Alle 13 circa, un gran numero di persone, appartenenti al popolo, si riunì dentro la madre chiesa. Erano uomini e donne, parecchie di queste portanti bambini alle braccia. Nella chiesa si organizzarono dimostrazioni. Infilarono il corso Vittorio Emanuele alle grida di *abbasso le tasse! siamo affamati!* Finiti davanti la società dei militari in congedo e di mutuo soccorso, chiesero le bandiere. Alcuni soci si opposero. I dimostranti le presero a viva forza. Continuando il cammino, giunsero al largo Santa Maria. Ivi erano schierati trenta soldati, comandati da due ufficiali, la sola forza esistente nel paese. Il delegato e il maresciallo dei carabinieri si fecero incontro ai dimostranti, pregandoli con buoni modi di sciogliersi, ma furono accolti a sassate. La truppa allora suonò i soliti tre squilli. La folla però non smise, che, anzi, minacciosa, continuò la sassaiola contro i militari. Un contadino si avventò contro uno degli ufficiali tentando di strappargli la sciabola. Fu ordinato il fuoco in aria; ma i dimostranti incalzarono di più. I soldati spinti contro il muro della chiesa furono obbligati a servirsi delle armi. Si contarono otto morti, tra i quali una bambina, e quindici feriti. Sono tutti contadini. Dei militari un soldato è ferito gravemente alla testa, altri undici contusi. Dopo il fuoco, la folla si sparpagliò, i soldati si chiusero dentro il convento di Santa Maria, dove restarono tutta la notte. I dimostranti, rimasti padroni del campo, risalirono pel corso, cominciando una fitta sassaiuola contro le invetriate dello ufficio telegrafico e della casa comunale. Gridavasi insistentemente: *Ammazziamo tutti senza riguardi! Agli isolatori! Agli isolatori!* Le schegge di vetro piovvero. Poi, puntellando delle scale, alcuni invasero l'ufficio. Un commesso che vi si trovava liberossi per miracolo. Invasero l'edificio abbattendo porte, usci; ruppero i fili telegrafici, incendiarono il fabbricato, buttando fuori degli apparati morse, stampe e materiali. Incendiarono inoltre la pretura, l'ufficio del registro e il municipio. Altri dimostranti corsero ad incendiare i casotti daziari, poi, in mezzo al pazzo furore, incendiarono il Casino della Concordia e quello dei Buonamici, frantumando prima i mobili a colpi di scure. Irruppero indi nell'esattoria e nella posta che sono vicino alle abitazioni dei fratelli Mendola e del sindaco Nicoletti. Ai primi colpi di accetta affacciaronsi ai balconi delle persone, armate, le quali, sparando e minacciando, fugarono i rivoltosi. Alle ore 18 di stasera, essendo riuscito il colpo dell'esattoria, i ribelli si fecero animo ed intendevano invadere le case agiate dei cittadini, incendiando e distruggendo. Rubarono la cassa forte del telegrafo, fu assalito il carcere, ma tutti furono respinti tre volte dai carabinieri Bruno e Mancuso. Sono arrivati l'ispettore del telegrafo e delle poste, e molta truppa, nonché il procuratore regio. Il sindaco di urgenza convocò il Consiglio comunale a casa sua ove tutti i consiglieri in massa deliberarono di dimettersi.

[Corrispondente da Pietraperzia, «Vita Nuova», settimanale nisseno, 2 gennaio 1894].

* * *

Elenco delle vittime della sommossa di Pietraperzia del 1° gennaio 1894:

1) Bevilacqua Salvatore, di anni 5, figlio di Liborio, contadino, appartenente al Fascio, e di Alesi Maria, filandaia.
2) Di Cataldo Vincenzo, del fu Michele e di Pinnadauria Maria, di anni 30, contadino, marito di Fonti Francesca. Appartenente al Fascio.
3) Giarrizzo Vincenzo (Filippo), dei furono Calogero e Sanguedolce Pasqua, di anni 51, contadino, marito di Ceraci Francesca. Appartenente al Fascio.
4) Mancuso Vincenzo, del fu Giuseppe e di Perri Concetta, di anni 35, contadino, marito di Carità Giuliana. Appartenente al Fascio.
5) Puzzo Paolo, dei fu Calogero e Marotta Sebastiana, di anni 50, contadino, marito di Ciulla Maria Giovanna. Appartenente al Fascio.
6) Rindone Pasquale, del fu Giuseppe e di Marotta Maria Filippa, di anni 22, contadino, celibe. Appartenente al Fascio.
7) Signorino Angelo, del fu Alfonso e di Santoro Rosaria, di anni 21, contadino, celibe. Appartenente al Fascio.
8) Trigona Rosario, dei furono Matteo e Inserra Marianna, di anni 60, contadino, marito di Avola Maristella. Non appartenente al Fascio.

9) Vinci Filippo, dei furono Pietro ed Emma Leonarda, di anni 50, contadino, marito di Spagnolo Concetta. Non appartenente al Fascio.

[Stato civile di Pietraperzia, *Atti di morte. Registro anno 1894, parte seconda* e Archivio Chiesa Madre, *Registro dei morti dell'anno 1894*, pp. 1-2].

* * *

«E la notti arrivà, lu reggimentu
Nti lu cummentu di Santa Maria
E li surdati nun avinu abbentu
Si misiru a battugliari in cumpagnia.
E la matina si vitti scumpigliu
Ficiru tanti arresti, in quantitati
Dogni donna gridava maritu e figliu
Ci su tanti famigli ruinati.
Di stu gran casu minni maravigliu
Sta vota iammu tutti cunnannati
E cu ci curpa a mintri stu scumpigliu
Pi aviri tanti diazii aggravati.
Tutti nisciru fora lu paisi
E si sparsiru ppi tutti li cuntrati
Ed ogni dunu a pinsari si misi
Sta vota iammu tutti carzarati».[12]

[12] «La stessa notte arrivò il reggimento / Nel convento di Santa Maria / I soldati senza riposare / Si misero a pattugliare / E la mattina si vide lo scompiglio / Fecero arresti in gran numero / Ogni donna chiamava marito e figlio / Sono molte le famiglie rovinate / Di questo grave fatto mi meraviglio / Questa volta verremo tutti condannati / Ma non chi ne è responsabile / Per avere gravato il popolo di tanti dazii / Tutti fuggirono dal paese / E si sparsero per ogni contrada / E ognuno si mise a pensare / Stavolta finiamo tutti carcerati». Gloria Giuseppe di Calogero, poeta contadino da Pietraperzia, *La dimostrazione del 1° gennaio 1894 a Pietraperzia*, foglio a stampa, 1894, Biblioteca comunale di Caltanissetta, Per. 24, n° 07056.

* * *

Lotte e manifestazioni verificatesi in Sicilia nel 1893. Cause e conseguenze[13]

1893

1° gennaio. Catenanuova.
Manifestazione promossa dal Fascio. Controversia territoriale con il comune di Agira.
3 gennaio. Raffadali.
Manifestazione pubblica.
20 gennaio. Caltavuturo.
Occupazione delle terre demaniali. Si chiede l'applicazione della legge che ne dispone la quotizzazione. Al ritorno in paese i dimostranti si dirigono verso il municipio. La truppa sbarra la strada e fa fuoco. 13 morti e molti feriti. In paese non esiste Fascio. Colajanni presenta interrogazione alla Camera, Giolitti dispone inchiesta. Socialisti lanciano sottoscrizione nazionale.
30 gennaio. Noto.
Manifestazione di disoccupati. Si chiede lavoro e non assistenza.
19 febbraio. Chiaramonte Gulfi.
Manifestazione di disoccupati. Si chiede lavoro e non assistenza.
6 marzo. Serradifalco.
Protesta popolare. Brogli elettorali del delegato di PS per imporre il candidato ministeriale. Incidenti, 2 morti, feriti, 20 arresti.
25 marzo. Giarre.
Manifestazione pubblica. Contrasti tra partiti municipali. Incidenti, 14 arresti.

[13] Francesco Renda, *I Fasci siciliani, 1892-94*, Einaudi, Torino, 1977.

9 aprile. Campofiorito.
Manifestazione pubblica. Propaganda socialista. Si grida: Viva Garibaldi, viva la repubblica socialista, abbasso l'Italia (borghese). 60 denunciati.
1° maggio. Piana dei Greci. San Giuseppe Jato. San Cipirello.
Inizia lo sciopero dei braccianti agricoli che si protrae per una decina di giorni. Si chiede l'aumento dei salari.
6 maggio. Corleone. Campofiorito.
Anche qui sciopero dei braccianti agricoli.
7 maggio. San Giuseppe Jato. San Cipirello.
Si inaugura la sede del Fascio, presente Barbato, presidente del Fascio di Piana dei Greci. Delegato di PS ordina sgombero della via pubblica. Arrestato Barbato e altri contadini.
8 maggio. Borgetto.
Comizio non autorizzato. Propaganda pro costituzione Fascio del presidente del Fascio di Partinico. Oratore denunciato violazione legge PS.
12 maggio. San Giuseppe Jato.
Continua sciopero braccianti agricoli. Picchettaggio delle vie di uscita del paese. Nuovi arresti e altri denunciati (fra i quali Verro, presidente del Fascio di Corleone).
12 maggio. Ravanusa.
Sciopero minatori. Si chiedono aumenti salariali. Incidenti.
13 maggio. Bisacquino.
Inizia lo sciopero dei braccianti agricoli per aumenti salariali.
15 maggio. Agira.
Manifestazione di protesta dei minatori contro il gabelloto della miniera.
1° giugno. Catenanuova.
Cerimonia pubblica onoranze a Garibaldi. Incidenti, arresti.

2 giugno. Riesi.
Inizia lo sciopero dei minatori che si conclude il 19 con un parziale accoglimento della richiesta di aumenti salariali.
3 giugno. Villafranca Sicula.
Sciopero dei mietitori. Aumento delle mercedi. Assembramento in piazza non autorizzato. Denunce, processo.
3 giugno. Terranova.
Sciopero dei mietitori. Aumento delle mercedi.
23 giugno. Prizzi.
Sciopero dei mietitori. Arrestato il presidente del Fascio e altri braccianti.
26 giugno. Sommatino.
Manifestazione pubblica. Motivi elettorali. Incidenti.
14 luglio. Belmonte Mezzagno.
Raduno popolare in contrada Petrosino fuori paese. Propaganda socialista, parla Barbato. Numerosi i partecipanti. Rientro in paese in corteo.
15 luglio. Marineo.
Dimostrazione di protesta. Tasse comunali.
25 luglio. Troina.
Manifestazione pubblica. Controversia territoriale col comune di Cesarò.
6 agosto. Alcamo.
Dimostrazione di protesta. Tasse comunali. Si grida: viva il re, abbasso il focatico. La truppa carica i dimostranti senza i regolamentari squilli di tromba. 1 morto, feriti, arresti.
10 agosto. Pachino.
Dimostrazione pubblica. Tasse comunali.
15 agosto. Belmonte Mezzagno.
Dimostrazione di protesta. Tasse comunali. L'agitazione si protrae per alcuni giorni. Arrestati 8 contadini e 4 donne.

20 agosto. Comiso. Vittoria.
Manifestazione pubblica. Protesta per i fatti di Aigues Mortes.
21 agosto. Regalbuto. Mascalucia. Castelvetrano.
Manifestazioni pubbliche. Protesta per i fatti di Aigues Mortes.
21 agosto. Santa Caterina.
Dimostrazione di contadini a cavallo prima sui feudi e poi in paese. Si chiede la modifica del patto colonico secondo le decisioni del congresso di Corleone.
22 agosto. Trapani. Balestrate. Terranova. Trappeto. Barcellona.
Manifestazioni pubbliche. Protesta per i fatti di Aigues Mortes.
23 agosto. Scordia. Porto Empedocle. Cefalù. Favara. Mazzara del Vallo.
Manifestazioni pubbliche. Protesta per i fatti di Aigues Mortes.
24 agosto. Palermo. Santa Ninfa.
Manifestazioni pubbliche. Protesta per i fatti di Aigues Mortes.
27 agosto. Aidone. Sutera. Melilli.
Manifestazioni pubbliche. Protesta per i fatti di Aigues Mortes.
28 agosto. Calatafimi. San Piero Patti.
Manifestazioni pubbliche. Protesta per i fatti di Aigues Mortes.
1° settembre. Corleone e circondario.
Lo sciopero agricolo, iniziatosi da vari giorni, acquista dimensione vastissima. Si chiede l'accettazione dei Patti di Corleone da parte dei gabelloti e dei proprietari.
4 settembre. Sant'Angelo di Brolo.
Manifestazione di protesta per i fatti di Aigues Mortes.

4 settembre. Acquaviva Platani.
Manifestazione pubblica. Acquedotto municipale inquinato.
7 settembre. Taormina.
Dimostrazione pubblica contro medico condotto.
8 settembre. Piana dei Greci.
Dimostrazione pubblica. Si chiede azione sanitaria efficace contro il colera.
9 settembre. Alimena.
Dimostrazione pubblica contro l'arciprete per il disservizio della matrice.
11 settembre. Piana dei Greci.
Si ripete la dimostrazione del giorno 8. Donne devastano il municipio. Denunce.
11 settembre. Acquaviva Platani.
Dimostrazione pubblica. Tasse comunali. Arresti.
16 settembre. San Biagio Platani.
Dimostrazione pubblica. Tasse comunali. Dimostranti invadono il municipio.
18 settembre. Corleone.
Primo accordo vittorioso dello sciopero contadino. I soci del Fascio con fanfara e gonfalone acclamano sotto le loro case i proprietari che hanno sottoscritto l'accordo.
23 settembre. Prizzi. Palazzo Adriano.
Dimostrazione di contadini a cavallo sui feudi coi gonfaloni dei due Fasci. È stato raggiunto l'accordo sulla modifica dei patti colonici.
1° ottobre. Licodia Eubea.
Dimostrazione antigovernativa. Si grida: Viva Crispi.
1° ottobre. Camporeale.
Dimostrazione di protesta. Misure sanitarie anticolera.
4 ottobre. Grotte.
Sciopero minatori e dimostrazione per le vie del paese. Aumento dei salari.

5 ottobre. Casteltermini.
Sciopero contadino. Si chiede la modifica dei patti colonici. Arresto dei dirigenti, protesta contro gli arresti, i soldati caricano le donne.
10 ottobre. Siracusa.
Dimostrazione pubblica. Tasse comunali. Invasione e devastazione del municipio. Si grida: Abbasso Giolitti.
16 ottobre. Siculiana.
Sciopero dei braccianti agricoli. Aumento delle mercedi, abolizione del cottimo.
19 ottobre. Villafrati.
Continua lo sciopero agricolo. Dimostrazione sul feudo. Gabelloti sparano in aria a scopo intimidatorio.
22 ottobre. Cattolica Eraclea.
Sciopero agricolo che si protrae nei giorni seguenti. Si chiede modifica dei patti colonici e l'aumento dei salari. Picchettaggio alle vie di uscita del paese, arresto dei dirigenti, protesta contro gli arresti, nuove denunce.
23 ottobre. Montelepre.
Manifestazione pubblica.
24 ottobre. Villarosa.
Sciopero minatori.
25 ottobre. Caltabellotta.
Sciopero agricolo modifica patti colonici e aumento dei salari. Arrestato presidente del Fascio e 8 soci. Nei giorni seguenti si conclude l'accordo.
25 ottobre. Acquaviva Platani.
Continua lo sciopero agricolo. Arresto di dirigenti.
26 ottobre. Aragona.
Dimostrazione di protesta contro l'annullamento delle elezioni dei consiglieri comunali socialisti.
26 ottobre. Floresta.
Dimostrazione pubblica contro gli amministratori locali. Si grida: Viva il re, viva la regina, abbasso il muni-

cipio. Incidenti con la forza pubblica, un brigadiere dei carabinieri ferito alla testa.

27 ottobre. Milocca.

Dimostrazione di protesta per l'arresto ingiustificato dei dirigenti del fascio. Assalto alla caserma e liberazione degli arrestati, disarmo dei carabinieri.

28 ottobre. Partanna.

Sciopero agricolo. Modifica patti colonici. Si conclude l'accordo dopo due mesi di sciopero.

29 ottobre. Montemaggiore.

Sciopero agricolo. Modifica patti colonici.

29 ottobre. Paceco.

Sciopero braccianti agricoli. Aumento delle mercedi. Incidenti, arresti.

1° novembre. Racalmuto.

Corteo non autorizzato. Si va a salutare Colajanni alla locale stazione ferroviaria. Incidenti.

2 novembre. Valledolmo.

Manifestazione contadini. Mille contadini si recano nei feudi per riprendere il lavoro, senza aver raggiunto l'accordo coi proprietari.

5 novembre. Bisacquino.

Manifestazione pubblica. Fine vittoriosa dello sciopero. Trecento contadini col gonfalone e la fanfara del Fascio prendono possesso delle terre da coltivare coi nuovi patti. Al ritorno in paese, si portano in corteo sotto la casa della proprietaria per acclamarla.

6 novembre. Contessa Entellina.

Manifestazione pubblica. Fine vittoriosa dello sciopero. Si grida: Viva il re, viva Garibaldi, viva il Fascio.

11 novembre. Piazza Armerina.

Dimostrazione di protesta. Contro la determinazione della *meta*, cioè del prezzo del grano.

12 novembre. Balestrate.

Manifestazione pubblica.

13 novembre. Gibellina.
Dimostrazione di protesta contro il delegato di PS per il suo comportamento illegittimo e provocatorio contro il Fascio.
23 novembre. Balestrate.
Manifestazione pubblica.
25 novembre. Trappeto.
Manifestazione pubblica sotto il municipio.
27 novembre. Borgetto.
Manifestazione pubblica contro l'amministrazione municipale.
6 dicembre. Trappeto.
Nuova manifestazione di protesta.
8 dicembre. Partinico.
Manifestazione di protesta. Tasse comunali.
10 dicembre. Villafrati. Ciminna. Borgetto. Balestrate.
Manifestazioni di protesta. Tasse comunali. Arresti dappertutto.
10 dicembre. Giardinello.
Manifestazione di protesta. Tasse comunali. Drappello di soldati, fatto venire dalla vicina Montelepre, spara sui dimostranti: 11 morti, vari feriti, indi i dimostranti saccheggiano il municipio e uccidono il messo comunale e la moglie.
10 dicembre. Naso.
Manifestazione pubblica in appoggio a Crispi incaricato di formare il nuovo governo.
11 dicembre. Partinico.
Si rinnova la manifestazione di protesta. Saccheggio del municipio, incendio dei casotti daziari. Si chiede e si ottiene la soppressione delle tasse locali. Denunce e arresti.
13 dicembre. Caccamo. Militello.
Manifestazioni pubbliche in appoggio a Crispi.
14 dicembre. Siracusa. Lercara. Barrafranca.
Manifestazioni pubbliche in appoggio a Crispi.

14 dicembre. Balestrate.
Nuova manifestazione di protesta. Tasse comunali.
17 dicembre. Comiso.
Manifestazione pubblica in appoggio al governo Crispi. Dimostranti provocano disordini. Arresti e denunce.
17 dicembre. Monreale.
Manifestazione di protesta. Dazi comunali. Incendio casotti daziari, incidenti, feriti, denunce, arresti.
19 dicembre. Comitini.
Manifestazione pubblica. Tasse comunali.
20 dicembre. Rocca (Palermo).
Dimostrazione di protesta. Dazio sulla farina. Incendio dei casotti daziari.
20 dicembre. Partinico.
Nuova manifestazione di protesta contro il ristabilimento dei dazi soppressi. Casotti daziari incendiati.
20 dicembre. Barrafranca.
Nuova manifestazione pubblica in appoggio al governo Crispi.
20 dicembre. Corleone.
Comizio pubblico contro le tasse comunali. Si decide la sospensione del pagamento delle tasse fino a quando il consiglio comunale non sarà sciolto. Ordine del giorno in tal senso inviato al ministero dell'interno. Verro si rivolge anche al Sonnino.
24 dicembre. Lercara.
Manifestazione di protesta. Tasse comunali. Resistenza alle autorità, incendio casotti daziari. Si invia telegramma a Crispi perché intervenga in accoglimento richieste popolari.
25 dicembre. Lercara.
Si rinnovano le manifestazioni di protesta. I soldati sparano sui dimostranti; 11 morti, vari feriti.
25 dicembre. Valguarnera.
Manifestazione di protesta. Tasse comunali. Incen-

dio e saccheggio edifici pubblici e privati. 30 arresti.
25 dicembre. Assoro.
Manifestazione pubblica. Tasse comunali. Devastazione del municipio, di edifici pubblici e privati.
25 dicembre. Terrasini.
Manifestazione pubblica. Tasse comunali. Incendio casotti daziari.
26 dicembre. Balestrate.
Nuova manifestazione di protesta. Tasse comunali. Seguono denunce e arresti.
30 dicembre. Parco.
Manifestazione popolare. Tasse comunali. Arresti.
30 dicembre. Partanna.
Manifestazione di protesta. Tasse comunali. Incendio casotti daziari. Arresti.
30 dicembre. Partanna. Partinico. Castelvetrano.
Manifestazioni di protesta. Tasse comunali. Partinico. Incendio casotti daziari. Arresti a Castelvetrano.
30 dicembre. Santa Ninfa.
Manifestazione di protesta. Tasse comunali. Arresti.
30 dicembre. Favara.
Manifestazione pubblica. Tasse comunali.
31 dicembre. Castelvetrano.
Manifestazione di protesta. Si chiede il rilascio degli arrestati del giorno precedente. Seguono nuovi arresti.
31 dicembre. Misilmeri.
Manifestazione pubblica. Tasse comunali. Arresti.
31 dicembre. Mazzara del Vallo. Campobello di Mazzara.
Manifestazione di protesta. Tasse comunali. Arresti.

1894

1° gennaio. Castelvetrano.
Nuova manifestazione di protesta. Si chiede il rilascio dei nuovi arrestati. Si proclama un nuovo sindaco.

1° gennaio. Mazzara del Vallo.
Nuove manifestazioni di protesta. Tasse comunali. Uffici devastati, sassaiola contro il Mulino Salvo. Arresti.
1° gennaio. Salemi.
Manifestazione di protesta. Tasse comunali. Incendio casotti daziari. Arresti.
1° gennaio. Misilmeri.
Manifestazione di protesta. Incendio casotti daziari. Arresti.
1° gennaio. Salaparuta.
Manifestazione di protesta. Tasse comunali. Arresti.
1° gennaio. Ragusa.
Manifestazione di protesta. Mancanza di lavoro. Arresti.
1° gennaio. Pietraperzia.
Dimostrazione pubblica. Tasse comunali. Sassaiola. Soldati sparano sui dimostranti, 8 morti, 15 feriti. Indi nuova protesta con devastazione degli uffici pubblici.
2 gennaio. Marsala.
Manifestazione pubblica. Miglioramento patti di lavoro. Arresti.
2 gennaio. Camporeale.
Manifestazione di protesta. Tasse comunali. Arresti.
2 gennaio. Marineo.
Manifestazione di protesta. Tasse comunali. Arresti.
2 gennaio. Gibellina.
Manifestazione di protesta. Tasse comunali. Soldati aprono il fuoco, 20 uccisi, moltissimi feriti.
2 gennaio. Belmonte Mezzagno.
Manifestazione pubblica. Tasse comunali. Incendio casotti daziari. Soldati aprono il fuoco, 2 morti. Seguono arresti.
3 gennaio. Marineo.
Si ripetono le manifestazioni di protesta del giorno pre-

cedente. Assalto del municipio. Soldati aprono il fuoco, 18 morti, molti feriti. Seguono arresti.
3 gennaio. Calatafimi. Vita. Malvagna. Mazzara del Vallo. Trapani.
Manifestazioni comunali. Tasse locali. Seguono arresti dappertutto.
3 gennaio. Palermo.
Il generale Morra in forza dei poteri conferitigli decreta lo stato d'assedio in tutta la Sicilia. I Fasci dei lavoratori sono dichiarati sciolti per legge. Si dispone l'arresto dei membri del Comitato centrale dei Fasci. Si dà il via alla repressione legale.
5 gennaio. Santa Caterina Villarmosa.
Manifestazione pubblica. Contro le tasse comunali. La popolazione non è stata ancora avvisata dello stato d'assedio decretato. Soldati aprono il fuoco, 14 morti, molti feriti. Seguono arresti.

* * *

«Non hannu vuci e gridanu
l'ammazzati du '93
chi petri nte sacchetti
e la fami nte panzi vacanti.
Non hannu vuci e gridanu
cu coddu sutta i pedi di baruna,
cu l'ossa sturtiggnati du travagghiu;
ca lingua i cani
e u ciatu e denti.
Tri ghiorna di macellu
di martorii e beccamorti
di lamenti e chianti
nte casi di poveri.
Ci fu carni a bon prezzu
nte tavuli di baruna;

a bon prezzu
pi sovrani di Roma;
a bon prezzu pi Crispi,
macillaru di corte;
e Lavrianu
ginirali e sicariu
pagatu a giornata».[14]

[14] Ignazio Buttitta, *Un Seculu di storia*, 1970: «Non hanno voce e gridano / gli ammazzati del '93 / con le pietre in tasca / e la fame nelle pance vuote. / Non hanno voce e gridano / con il collo sotto i piedi dei baroni / e le ossa storte dal lavoro; / con la lingua di cane / e il fiato ai denti. / Tre giorni di macello / di stragi e beccamorti / di lamenti e pianti / nelle case dei poveri. / Ci fu carne a buon prezzo / sulle tavole dei baroni; / a buon prezzo / per i sovrani di Roma; / a buon prezzo per Crispi / macellaio di corte; / e Lavriano / generale e sicario / pagato a giornata».

VI
I socialisti

«Al Congresso di Reggio Emilia, i valorosi compagni Bosco e De Felice portarono una nota gagliardamente rivoluzionaria in mezzo alle beatitudini evoluzioniste dell'Alta Italia».

«l'Unione di Catania», 12 settembre 1893

Rivoluzione[15]

Oramai, per la Sicilia, la cronaca degli avvenimenti perde quasi importanza.

È la rivoluzione.

È la rivoluzione più spontanea, più naturale, più legittima; la rivoluzione di un popolo il quale preferisce morir di piombo che di fame.

E ciò che la rende più solennemente tragica è la certezza del suo fato; essa sarà soffocata nel sangue dalla forza armata ai servigi della borghesia.

La simpatia fraterna che noi esprimiamo verso i rivoltati non è – ahimè! – che un anticipato saluto funebre alle vittime!

Giacché, per quanto il partito socialista abbia il diritto di non rimanere insensibile al grido di dolore di un intero proletariato – esso si rende ben conto che la sua azione sarà nulla o quasi nulla di fronte ad un movimento che non procede da un pensiero determinato e che non è l'espressione di una coscienza chiara e precisa del suo fine. *La rivolta della fame non è una rivolta di partito.*

Non importa: i socialisti faranno il loro dovere. Ed il loro dovere è di intervenire risolutamente nella questio-

[15] «Lotta di classe», Milano, 30-31 dicembre 1893.

ne. La piattaforma sulla quale il nostro partito deve operare è già indicata dall'annuncio che ci viene da Palermo. Tra breve i Fasci della provincia formuleranno le riforme che essi reclamano in pro dell'isola; tra l'altro chiederanno lo scioglimento di tutti i municipi e la traduzione in legge dei deliberati dell'ultimo Congresso dei Fasci riguardo ai patti colonici.

Ma cederà il Governo a tale intimazione? Sarebbe ingenuità il supporlo. Il Governo non si è curato della Sicilia, mentre da mesi vi serpeggiava il fuoco della rivolta, mente tutta la stampa, perfino gli organi ufficiosi, si commoveva alla rivelazione delle turpitudini e delle brutalità a cui quei lavoratori sono assoggettati, mentre uomini di ogni partito riconoscevano non solo la necessità, ma l'urgenza di tali provvedimenti.

E il Governo ha cioè provveduto per parte sua; ha provveduto ai preparativi del massacro.

Ah! ci dimenticavamo: – esso assicura che darà mano ad una serie di progetti di legge – quando il paese sarà tranquillo! – L'ironia è degna della sua vigliaccheria.

Dunque il Governo schiaccerà la rivoluzione siciliana; questo è nel suo programma, questo è nel suo interesse.

Ma la voce del nostro partito non rimarrà senza effetto. Ai sopravvissuti dell'ecatombe essa risuonerà come la buona novella della salvezza. Il socialismo raccoglierà dal funesto campo di battaglia i feriti; darà conforto ai loro dolori, indirizzerà i loro rancori, i loro odî ad una meta più alta che non sia la ribellione selvaggia ed incomposta. E quando la coscienza illuminata del proletariato lo avrà tutto disciplinato in un unico esercito; quando esso potrà alla forza della borghesia opporre la sua forza – allora non più il canto funebre dei morituri, ma il canto della vittoria accompagnerà le loro schiere, destinate a vedere il trionfo della vera rivoluzione.

* * *

Lettera al Comitato Centrale del Partito socialista siciliano:[16]

Roma, 1° gennaio 1894

Caro Bosco,
leggo nei telegrammi dei giornali, che domani l'altro ci sarà costà a Palermo la riunione del Comitato Centrale siciliano, per deliberare la sua presente tristissima situazione.
La vostra posizione – intendo dire dell'intero partito e non di voi persona – è certamente grave; anzi è a dirittura imbarazzante. In Sicilia sono accadute cose che vanno assai al di là di quanto potesse mai essere nelle vostre più calde aspirazioni, e che parranno a molti aspra smentita a tutti i propositi e disegni di regolare organizzazione e di metodica propaganda.
Ma oramai non c'è che fare. Tale è per necessità di cose la natura degli italiani. Le menti si accendono, gli animi si riscaldano, le fantasie si montano; e l'opera, che per consiglio e suggerimento dei più savii ed esperimentati dovrebbe procedere con modi accorti e graduati, precipita d'un tratto vertiginosamente.
Accetterete, voi che foste i primi organizzatori e gli iniziatori del movimento socialistico, tutta intera la responsabilità di una situazione, la quale, sebbene da voi non preparata a disegno né voluta ad arte, pure è in buona parte, e parrà più che non sia, effetto, per quanto né voluto né previsto, dell'azione vostra?
Tale domanda è di certo nelle menti di voi tutti, e vi travaglia.

[16] Antonio Labriola, *Su un filo di rasoio*, in «Critica sociale», Milano, a. IV, n. 2, 16 gennaio 1894.

Rifiutarsi senz'altro di accettare tale responsabilità sarebbe come voler dire che a noi socialisti fa comodo di separarci dal proletariato, tutte le volte che esso, sollevandosi, trascorra in eccessi, cioè metta in giuoco le sue proprie passioni, e riveli, in una parola, l'indole sua. Tale modo di procedere, oltre ad essere segno di pusillanimità, menerebbe a questa rincresciosa conseguenza: che il vantato socialismo dei propagandisti stia lassù campato in aria, fuori d'ogni connessione con la realtà storica e sociale del momento; o che sia una forma ammodernata dello *sport radicale*. Noi conosciamo molti bravi rappresentanti di cotesto *sport*, adoratori di *Madonna Evoluzione*, rifuggenti come dalla peste dalla parola *rivoluzione*; il che poi, pei buontemponi della *giostra sociale*, si riduce ad un garbato modo di costituirsi nella frase filosofica un *alibi* alla vigliaccheria.
Ma d'altra parte il fondersi, anzi il confondersi esclusivamente con l'attuale inaspettata rivolta, sarebbe come un voler mandare in fumo ogni idea di regolare organizzazione delle forze proletarie, e un barattare il principio della lotta politica – il che, in altri termini, si riduce a disconoscere le vie e i mezzi della *rivoluzione proletaria*.
Su questo filo sottilissimo dovranno reggersi le vostre deliberazioni; e non è chi non voglia o possa invidiarvi, che abbiate da decider qualcosa in tali contingenze.
Vogliate però ricordarvi che le decisioni vostre non impegneranno soltanto voi, né varranno solo a delineare la situazione vostra di fronte ai proletari di Sicilia e di fronte al governo. le vostre decisioni torneranno, o di grande aiuto, o di molto nocumento a tutto il partito socialistico italiano, che solo da poco tempo si è liberato dalle incertezze, incoerenze ed inconcludenze che lo

assediavano, e d'ora innanzi non potrà vivere, crescere di forza e prosperare, se non a patto:

di non ricadere nella *fatuità* dell'anarchismo;

di non cristallizzarsi nella goffa idea del *legalitarismo* parlamentare, che poi in avvenire può ben risolversi in una nuova requisizione del *bestiame votante*;

di essere, di voler essere e di saper essere ispirato sempre al principio della *rivoluzione pratica e progressiva*, usando modi non preconcetti ma sperimentati di organizzazione, e forme tali di propaganda quali le richiedono la condizione del paese e il temperamento degli uomini.

Fuori di ciò è, o il *delirio* o la *viltà*; di qua da tale linea nasce, e vegeta poi, la setta, la consorteria, la combriccola, ma non sorge e vive il partito. Né c'è chi possa dispensare un partito vero e proprio dal dovere di studiare le reali condizioni del momento, per rifarsi sempre di nuova esperienza: salvo che, negata ogni ragione di processo, di adattamento e di progresso, non si voglia ridurre il socialismo al quissimile della dottrinella.

Ho letto in non so quanti giornali: «Laggiù non si tratta del socialismo ma della fame». E poi: «Quegli incoscienti danno in eccessi». La gran sapienza da discussioni d'angolo di farmacia da paesello di provincia!

Ma quelli, che in qualunque modo si assumono il carico di condottieri e maestri del movimento proletario, sanno bene, come voi sapete benissimo per vostra esperienza, che *appunto i passionali eccessi del proletariato rivelano la malvagia natura di quest'ordine sociale, del quale il proletariato è vittima ed onta ad un tempo.*

Auguri vivissimi e saluti cordiali a tutti.

Vostro,

Antonio Labriola

VII
Che fare?

«Compagni, abbiamo vinto senza carabine».

La riunione del 3 gennaio e il proclama[17]

Bosco Garibaldi, componente la commissione esecutiva del comitato centrale dei Fasci, avvisò, con lettera del 1° gennaio 1894, gli altri presidenti dei fasci provinciali, residenti in Messina, Catania, Siracusa, Caltanissetta, Girgenti e Trapani e facienti parte del comitato, che il 3 gennaio vi sarebbe stata una riunione a Palermo, allo scopo d'intendersi sui modi, atti a far cessare i subbugli, da alquanto tempo scoppiati in parecchi comuni siciliani, per l'abolizione del dazio consumo e del focatico, due tasse odiosissime per le nostre plebi.
Anch'io ricevei la lettera di Bosco, perché dimessosi il marchese di Montemaggiore, Totò di Baucina, da membro del comitato centrale per la provincia di Girgenti, io, quale presidente del fascio girgentino, di diritto lo surrogai.
Pochi giorni prima dell'avviso della riunione, avevo ricevuto da Totò Tasca, direttore del «Siciliano», cinquanta lire, come compenso mensile delle corrispondenze che avrei dovuto scrivere al suo giornale.
Quelle cinquanta lire erano arrivate opportunamente, quale guadagno straordinario, per provvedere alle spese di viaggio e di permanenza a Palermo.

[17] Francesco de Luca, *Prigionìe e processi*, Giannotta Editore, Catania, 1907.

Se non fossero pervenute, chi sa?, forse non sarei andato a Palermo poiché gli introiti della mia professione, dacché avevo fondato il fascio, erano diminuiti.
Io partii contento, con la coscienza di andare a compiere un dovere felicitato dagli auguri sinceri di mia moglie e di mia sorella, che mentre scendevo le scale mi ripetevano: «Divertiti!... Buon divertimento!». Se avessero potuto prevedere, poverette!
La sera del 2 gennaio 1894 arrivai alla stazione di Palermo, ove anche arrivarono Nicola Petrina da Messina, l'avv. Luigi Leone da Siracusa e Gigi Macchi da Catania.
Alla stazione ci attendevano Peppino De Felice, Sasà Bosco, Cocò Barbato, l'avv. Giacomo Montalto da Trapani e Bernardino Verro. Dalla stazione all'albergo *Concordia*, ove alloggiammo io, Petrina, Leone e Macchi, appresi che la riunione era stata consigliata dal questore Lucchesi al direttore della nostra «Giustizia Sociale», l'avv. Francesco Maniscalco, il quale con altri mi accennò, poi, alla straordinaria eccitazione di De Felice per gli eccidi, commessi dalla truppa nella repressione delle manifestazioni popolari.
Saputo che l'invito alla riunione era stato suggerito dal Lucchesi, i cui metodi io conoscevo, ebbi l'impressione d'un tranello tesoci. Non dissi, però, nulla ai compagni; nemmeno a chi sin d'allora mostravasi una intelligenza maturamente equilibrata; Garibaldi Bosco, il quale, lungo la via mi faceva osservare come bisognasse usare molta prudenza ed oculata temperanza, a ricondurre negli animi dei proletari quella tranquillità, senza cui non avrebbe potuto prosperare l'organizzazione dei socialisti siciliani.
Si andò indi non rammento in quale caffè, in cui alcuni mangiarono un boccone e qualche altro bevve il vermouth al seltz. Si chiacchierò, si scherzò: ci si presen-

tarono i corrispondenti di parecchi giornali della Capitale, venuti per studiare *la questione siciliana* e curiosi di conoscerci; perché allora noi eravamo una *potenza*. Agli scherzi ed alle chiacchiere non partecipava Barbato, intento con le lenti colorate a leggere giornali.
All'uscita dal caffè, Sasà ci avvertì sottovoce, ad uno ad uno, con cert'aria da congiura, che la riunione si sarebbe tenuta l'indomani alle 12, in casa d'uno studente di medicina, Salemi, che aveva conosciuto all'inaugurazione del fascio di Favara, in casa del Baucina, di cui era intimo.
L'indomani venne all'albergo *Concordia* Verro col quale andammo alla trattoria per fare colazione. Seduticì attorno ad un tavolo, notai presso il tavolo di fronte una signora, a fianco d'un capitano, con due ragazzetti, dei quali il minore divertivasi a battere leggermente la forchetta sul piatto.
La signora attrasse ben presto la mia attenzione: rammentavami di conoscerla: quelle linee regolari del volto bianco rosato, col naso leggermente aquilino; quei capelli biondi e gli occhi cilestri non mi erano sconosciuti. Dove l'avevo incontrata? In Sicilia, no. A Genova, a Bologna? Dove, dove? Il piccoletto eccitandosi col suono, dato dalla forchetta sul piatto, batté più forte; e la mamma, afferrandogli dolcemente la mano, gli disse: Sii buono!
– Sii buono – era la consueta frase di B.S. Era lei! non v'era dubbio. Quante volte aveva ripetuto «sii buono!», quando io con lei mi mostrava corrucciato, adirato per lievissimi torti di lei! Ella si pentiva dei torti ed implorava perdono col «sii buono!»; ma allora, a Livorno, era la fanciulla ingenua, gentile, innamorata; ben diversa da quella di Napoli.
La faccia, gli occhi, la testa, i capelli erano gli stessi: solamente B. s'era ingrassata un poco, trasformata

nel corpo; ed una folla di ricordi mi assalì. Continuai a fissare B. Ella vistasi fissata, guardò per pochi minuti; e ad un tratto, come colpita da una memoria, abbassò turbata gli occhi. L'atto non isfuggì al marito, che lanciò verso noi una bieca occhiata di sfida.

– Non è bene, Ciccio, in questi tempi avere un duello con un capitano – mi disse tra il serio ed il faceto Bernardino Verro. – Prudenza consiglia di non molestare le avvenenti metà dei signori ufficiali, altrimenti essi hanno il diritto di pensare che noi vogliamo distruggere la famiglia; e metteranno maggiore rabbia nel soffocare le nostre dimostrazioni.

– Ti posso assicurare che per semplice distrazione aveva fissati gli occhi verso quella signora; ma il mio pensiero correva altrove.

Ci alzammo: l'ora della riunione era prossima: per la via Vittorio Emanuele passava una fila di carrozzelle con entro carabinieri e contadini ammanettati.

– Crispi e Morra si divertono! – esclamò De Felice, e nella voce era una sorda rabbia.

Sulla via alcuni fascisti di Villafrati avvicinarono Verro, dicendogli che al loro paese non erano state abolite tutte le tasse. – Qualche tassa deve rimanere – rispose Verro. – Il municipio è obbligato a stipendiare il segretario, il medico condotto, il maestro comunale, la levatrice, e a provvedere ai servizi pubblici, come a quello dell'illuminazione delle strade e via dicendo. Comprendete che i denari necessari s'hanno a pigliare dalle tasse. Calma, adunque! Aspettate, tranquilli, la decisione del Comitato centrale.

In casa del Salemi, presente, ci ritrovammo io, Barbato, Bosco, De Felice, Leone, Montalto, Petrina e Verro, componenti il Comitato centrale. Mancava il rappresentante della provincia di Caltanissetta, Lo Piano Pomar, che qualcuno disse aver visto a Palermo: per la

sua non giustificata assenza Bosco propose di sostituirlo nel comitato con Fontanazza, presidente del fascio di Castrogiovanni. L'ufficio di segretario era assunto da Francesco Cassisa, trapanese, studente di farmacia, che si faceva notare per un cappellaccio a cencio, dalle larghe tese. Assistevano anche Francesco Maniscalco, Gigi Macchi ed il presidente del fascio d'un paesello, vicino a Palermo, di cui non rammento il nome. Troppo socialisticamente nessuno ebbe la presidenza della seduta: si sarebbe parlato a turno.
Parlò per primo De Felice. Fautore della rivoluzione, disse che i tumulti, scoppiati in varie parti dell'isola, senza la volontà del Comitato centrale, dimostravano il malessere profondo delle nostre plebi. Di tale malessere bisognava approfittare, per insorgere e toglierci d'addosso tutti i mali che ci affliggevano, per abbattere una buona volta le infami istituzioni, dissanguatrici dei proletari.
Egli, a ben preparare la rivoluzione, si era abboccato con gli uomini più autorevoli e cospicui della democrazia. Cavallotti non era alieno da una rivoluzione; purché si facesse sul serio e si potesse riuscire. Costa avrebbe dato tutto se stesso: gli altri capi del partito socialista, però, non erano entusiasti della rivoluzione e la sconsigliavano.
Ma valeva per tutti Amilcare Cipriani, il quale aveva promesso in Marsiglia a De Felice che sarebbe venuto a capitanare le forze rivoluzionarie. Cipriani consigliava a non innalzare barricate; un mezzo antiquato di combattimento popolare, ma a scavare trincee; in modo che le palle dell'artiglieria potessero passare sulle teste dei rivoluzionari...
– Ma di ciò discorreremo poi – osservò Barbato. – Per ora discutiamo se sia possibile ed opportuna una rivoluzione.

– È opportunissima – replicò De Felice.
– Una rivoluzione in Sicilia, nelle attuali condizioni, senza essere seguiti dai compagni del continente, sarebbe appresa come un movimento separatista – notò vivacemente Petrina, alzandosi. – La nostra rivoluzione perciò sarebbe tacciata d'antinazionale e si covrirebbe di vergogna.
– I compagni del continente ci seguirebbero. A Napoli non sono ancora domate le ribellioni: il fuoco cova sotto la cenere; ed il deputato Casilli, presidente dell'associazione dei cocchieri, più di diecimila, potrebbe far divampare un incendio – rispose De Felice – Osiamo; è arrivato il momento!
– La rivoluzione è contraria al programma del partito dei lavoratori italiani, al quale siamo ascritti – osservai io. – La nostra rivoluzione, poi, sarebbe facilmente domata; e l'inutile sangue sparso e tutti gli orrori dell'insurrezione sarebbero la causa per cui, odiati i socialisti, di socialismo non si potrebbe parlare più in Sicilia; almeno per un ventennio.
Bosco assentiva col capo.
De Felice incalzava: Macchi appoggiò De Felice. L'ambiente si riscaldava. Si cominciava a vociare insieme; e l'ordine della discussione non poteva essere ristabilito, per mancanza di presidente.
– Anche quando la rivoluzione trionfasse – interloquii – essa non potrebbe darci che una repubblica oligarchica o borghese, per lo stato miserevole delle nostre plebi abbrutite; che non sono ancora il popolo cosciente e forte, necessario per una vera repubblica sociale. Alla repubblica oligarchica o panamista, come quella di Francia, preferisco la monarchia costituzionale.
– Sei divenuto codino...
– Ma se non abbiamo armi per fare la rivoluzione – gridò qualcuno.

– Ho ventimila fucili a Catania – rispose De Felice.
– Ove?
– Al distretto militare –. Ci guardammo in faccia meravigliati. Si comprendeva che De Felice, infervorato, sprezzante qualsiasi pericolo, abituato ad osare per la sua natura coraggiosa ed impetuosissima, non vedeva le gravi difficoltà di una azione armata. Egli, che è stato un uomo arditissimo e sarebbe stato un eroe nella rivoluzione, non riflette sugli ostacoli, che si frappongono all'attuazione d'un'idea. Maggiore è lo sbaraglio a cui si espone; più irti di malagevolezze gl'impedimenti all'esito fortunato d'un suo progetto; e più cresce in lui la smania di affrontare, di superare e di vincere. Vuole pigliare di assalto le posizioni e non si preoccupa dei mezzi necessari alla lotta; la cui riuscita crede facile. È tempra fortissima di agitatore, che ha risorse geniali; ma, appunto per ciò, non è riflessivo organizzatore; non è calmo ed ordinato calcolatore di tutto quanto è richiesto da un'impresa duratura ben condotta: non ha il senso della misura, come Garibaldi Bosco.
Al De Felice si obbiettò da varie parti che per prendere i fucili del distretto, assaltando la sentinella ed il corpo di guardia, ci volevano sempre armi.
– Quelle armi le abbiamo. E poi ci sono le nostre braccia ed i nostri petti – e si diè un pugno sul torace. Mille esclamazioni e grida confuse. Un vero parapiglia. Annottava: guardammo gli orologi: erano quasi le cinque di sera. La discussione durava da più di quattro ore; e non ci eravamo accorti della pioggia torrenziale che scrosciava su i cristalli ed allagava le vie deserte, su cui cominciava a brillare la fiammella rossa di qualche fanale. Lo stomaco, affaticato dal continuo vociare, reclamava i suoi diritti.
– Spicciamoci; ho appetito.
– Non abbiamo finora concluso che un bel nulla.

– Votiamo.
La rivoluzione fu respinta alla quasi unanimità.
– Per ora accetto la deliberazione del comitato – disse De Felice. – Ma dobbiamo prepararci agli eventi.
– Lo discuteremo a suo tempo.
– Intanto è nostro stretto obbligo lanciare un proclama al paese – propose De Felice.
– È giusto... Siamo d'accordo su ciò. – Il proclama lo scriveremo più tardi. – Adesso andiamo a mangiare. – Approvato! – e ridemmo.
Uscimmo alla spicciolata: a due, a tre; dandoci convegno ad una *regia taverna*,[18] fuori le porte, indicata dal Bosco come sito, in cui non potevamo essere spiati dalla polizia e disturbati dai compagni che attendevano impazienti la deliberazione del Comitato centrale.
Io m'accompagnai con Barbato e Salemi, che conosceva il luogo, additato da Bosco.
All'osteria la zuppiera dei maccheroni fumanti fu salutata con esclamazioni di gioia, erompenti irrefrenabili da ventri affamati. V'erano mascelle formidabili, che stritolavano in un batter d'occhio i corpi più duri: le bottiglie si vuotavano, essendo in tredici, quanti gli apostoli con Gesù Cristo; senza che alcuno diventasse menomamente brillo; e l'allegria, diffusa sui volti, scoppiettava nei piacevoli e rumorosi conversari.
Il socialismo aveva vinto in Sicilia: eravamo padroni d'alcuni municipi ed avevamo un forte rappresentante in Parlamento: si pubblicava già un quotidiano socialista, «il Siciliano», il cui direttore munificente scriveva a Bosco che avrebbe fatto stampare a sue spese non so quante migliaia di copie del nostro proclama. V'era la sola voce discordante di Colajanni, il quale aveva scritto, come diceva Bosco, al Marchesano che noi

[18] Celiando, in Sicilia si chiama *regia taverna* una osteria d'infimo ordine.

dalla nostra propaganda avremmo raccolto tempesta. Ma quale tempesta, se non volevamo l'insurrezione armata?!... Le autorità temevano le nostre associazioni numerose; le quali, imponendosi agli sfruttatori, avrebbero rigenerato economicamente e politicamente la Sicilia, ch'era sempre la terra delle grandi iniziative... *Viva la Giustizia Sociale!* Viva, ed i bicchieri si toccavano... Silenzio!... Che era successo? Entrava un suonatore ambulante. Che fosse una spia? Un questurino travestito? Strimpellò una chitarra «Scusate, professore, stamattina»... Bosco non lo perdeva di vista: lo squadrava da capo a piedi, e qualcuno di noi accompagnava le note della popolare canzone con colpettini di coltello sul piatto; mentre un altro mangiava i finocchi crudi, tanto buoni per i palati siciliani. Il suonatore, finita la canzone, fe' girare il suo piattello tra noi. Bosco lo guardò fisso e ne seguì tutti i movimenti. Ad un tratto vide che bisbigliava parole con l'oste; e Bosco s'alzò, andando verso il suonatore, che uscì dalla porta della cucina.

La musica aveva eccitato Cassisa e Macchi, il quale cantò in falsetto alcune romanze, cercando di imitare la voce di donna.

Erano già le otto di sera. Bisognava ritornare alla casa di Salemi; ove giungemmo inzuppati, perché diluviava. Il proclama del comitato, secondo De Felice, doveva essere vibrato, infiammato, violento, per protestare contro le stragi commesse dai soldati e gli arresti in massa, fatti illegalmente da una polizia borbonica. Parecchi condivisero l'opinione di De Felice; perché un linguaggio calmo non sarebbe stato compreso ed accolto da popolazioni sovreccitate; com'erano allora le plebi siciliane. Bisognava nella prima parte del proclama usare parole aspre, roventi contro il governo e le classi dirigenti; e contentata così la collera degl'irati la-

voratori, consigliare indi il ritorno alla calma. Bosco propose che il proclama fosse scritto in poche parole. «Non è con le devastazioni e con gl'incendi che si ottengono i miglioramenti: è con l'organizzazione pacifica. Rientrate, perciò, nella calma, lavoratori!». Io approvai la proposta di Bosco; ma prevalse il concetto di lanciare un proclama focoso; ricordo di quella letteratura rivoluzionaria del quarantotto, nella quale i giovani della nostra generazione furono educati.
La compilazione, intanto, del nostro manifesto riuscì molto difficile: ognuno voleva inserito il suo pensiero; incastrata la sua frase, bella, concettosa, vibrante. Si scriveva e si cancellava e si ritornava a scrivere. Fu, però, da tutti accolta l'idea di De Felice di chiedere al governo venti milioni, per restaurare le condizioni disagiate della povera Sicilia, abbandonata, dissanguata.
– Bravo! Bene!
Quell'amore alla terra natia, che potente si manifesta per ogni torto perpetrato a danno della regione che ci vide nascere o che, sempre forte, sonnecchia nelle profondità del nostro essere, pronta a destarsi ad ogni propizia occasione, infiammò anche i nostri petti, pur riscaldati dall'ideale d'un'umanità affratellata nel lavoro e nella giustizia.
– Bene, bravo, di cuore a De Felice! – ripetemmo; giacché egli aveva con la sua proposta di venti milioni alla Sicilia, sfruttata e dimenticata, fatta vibrare una corda sensibile di sano regionalismo. Finalmente, dopo tanti contrasti e strepiti, si poté redigere il seguente manifesto:

Lavoratori della Sicilia!

La nostra isola rosseggia del sangue dei compagni che sfruttati, immiseriti hanno manifestato il loro malcontento contro un sistema dal quale indarno avete sperato giustizia, benessere e libertà.

L'agitazione presente è il portato doloroso, necessario di un ordine di cose inesorabilmente condannato, e mette la borghesia nella necessità o di seguire le esigenze dei tempi o di abbandonarsi a repressioni brutali. In questo momento solenne mettiamo alla prova le declamazioni umanitarie della borghesia, e in nome vostro chiediamo al governo:

1. Abolizione del dazio sulle farine.
2. Inchiesta sulle pubbliche amministrazioni della Sicilia, fatta col concorso dei Fasci.
3. Sanzione legale dei patti colonici deliberati nel congresso socialista.
4. Sanzione legale delle deliberazioni del congresso minerario di Grotte e costituzione di sindacati per le produzioni dello zolfo.
5. Costituzione di collettività agricole e industriali, mediante i beni incolti dei privati e i beni comunali, dello Stato e dell'asse ecclesiastico non ancora venduti, nonché espropriazione forzata dei latifondi, accordando temporaneamente agli espropriati una rendita annua che non superi il 3 per cento del valore dei terreni.
6. Concessioni di tutti i lavori delle pubbliche amministrazioni e di quelle dipendenti o sussidiate dallo Stato, ai Fasci dei lavoratori senza obbligo di cauzione.
7. Leggi sociali, che basandosi su di un minimo di salario ed un massimo di ore di lavoro, valgano a migliorare economicamente e moralmente le condizioni dei lavoratori.
8. Per provvedere alle spese necessarie per mettere in esecuzione i suddetti progetti, per acquistare strumenti da lavoro tanto per le collettività agricole quanto per quelle industriali, per anticipare alimenti ai soci e porre le collettività in grado di funzionare utilmente, stanziare sul bilancio dello Stato la somma di venti milioni di lire.

Lavoratori!

Seguitate intanto a organizzarvi, ma ritornate alla calma, perché coi moti isolati e convulsionari non si raggiungono benefizi duraturi.

Dalle decisioni del governo trarremo norme per la condotta che dovremo tenere.

Palermo, 3 gennaio 1894.

BARBATO NICOLA
BOSCO GARIBALDI
DE FELICE GIUFFRIDA GIUSEPPE
DE LUCA FRANCESCO
LEONE LUIGI
MONTALTO GIACOMO
PETRINA NICOLA
VERRO BERNARDINO

VIII
Il «complotto straniero»

«Per poco si fosse tardato od esitato, la Sicilia si staccava ed avrebbe occorso riconquistarla».

FRANCESCO CRISPI, alla Camera,
28 febbraio 1894

Il «Trattato di Bisacquino»[19]

Riservata del Sottoprefetto di Corleone, 13 ottobre 1893.
Rapporto inviato dal delegato Morandi di Bisacquino.

1. La congiura che ha la sua manifestazione a mezzo dei Fasci dei lavoratori socialisti ha per obiettivo un'azione politica, protetta e promossa dalla Francia e dalla Russia, che hanno di mira lo smembramento della Sicilia dal resto d'Italia;
2. La Sicilia sarebbe invasa dalla Russia e tenuta da essa come base d'operazione sopra Costantinopoli;
3. Si promette alla Sicilia un governo libero, indipendente, senza oneri, con l'obbligo però di tenere dei punti in cui vorrebbe la Russia, delle guarnigioni militari;
4. Non più tardi del maggio 1894 la Francia simulerà un passaggio delle Alpi, per invadere il Piemonte, nel mentre che la Sicilia farà l'insurrezione socialista, protetta al di fuori dalla Francia, la cui flotta terrebbe a bada quella italiana e quella inglese ecc.;
5. Per avere vivo lo spirito di ribellione in Sicilia si forzeranno i Fasci allo sciopero, permodeché esasperati dalla miseria, l'impeto della rivolta sia indomabile;

[19] Archivio di Stato, Palermo, Prefettura, 1894, cat. 16, f. 30. Circostanza richiamata dal presidente del Consiglio, Crispi, nella seduta del 28 febbraio 1894: Atti parlamentari, Camera dei Deputati, Legislatura XVIII.

6. I Fasci di Sicilia attendono due navi di fucili a retro carica, munizioni e bombe cariche di dinamite;
7. Si tratterà ancora la rivoluzione dei Fasci e di altri sodalizi sovversivi delle altre regioni d'Italia e quando il governo cercherà di riparare per la Sicilia, la Francia tenterebbe una spedizione per invadere Roma;
8. Tutto avrà luogo con rapidità fulminea, che in ciò le potenze nemiche posano la maggior fiducia per completamente riuscire;
9. Si fa assegnamento sulla non intera completezza dell'esercito italiano, tanto più che la bassa forza ritiensi voglia partecipare nelle aspirazioni comuni ed unisone alla redenzione del proletario;
10. Il Consiglio generale di tale congiura è composto di varii deputati siciliani, fra i quali Colajanni, De Felice Giuffrida ed un Gianduia;
11. Per ora si è concertato un moto rivoluzionario da verificarsi, o nell'atto in cui venissero sciolti i Fasci, o nel prossimo inverno, perché i soci del Fascio potessero avere agio di approfittare coi saccheggi, e così poter campare fino all'epoca in cui insorgesse con la Sicilia il resto d'Italia. Tale rivolta che precorrerebbe la generale, si limiterebbe alla sola provincia di Palermo, essendo questa ben preparata con armi in parte nostrane, in parte a retro carica e a Wetterly, e già i soci del Fascio attendono in segreto alla formazione, delle cartucce;
12. Si è stabilito che la corrispondenza dei cospiratori di tutti i Fasci venga affidata ad appositi pedoni espressamente scelti fra i più scaltri e fidi gregari, escluso il mezzo postale ed il telegrafo, con eccezione di quest'ultima nei casi impellenti, ma con la preintelligenza fra i corrispondenti di specificare l'opposto di quello che si dovrebbe manifestare.

* * *

Udienza del 20 aprile 1894, Tribunale di guerra, Palermo

VINCENZO MORANDI, delegato di Bisacquino: Nel mese di ottobre ultimo seppi che una persona di Bisacquino era in grado di fare delle gravi rivelazioni sui propositi sovversivi del comitato centrale socialista di Palermo. Le parlai e mi provai di indurla a farmi la confidenza; l'individuo, che non posso nominare perché ho giurato di mantenere segreto il suo nome, si dimostrò disposto a comunicarmi tutto, purché non si fosse saputo il suo nome, perché avendo moglie e figli non voleva procurarsi dei grattacapi. La persona suddetta mi fece quindi tutte quelle rivelazioni e si mostrò ben disposta a confermarle in segreto ai miei diretti superiori, purché il suo nome non si fosse saputo da alcuno.
Impossessatomi di quel foglio telegrafai subito al sotto prefetto del circondario, il quale non si mostrò disposto ad accogliere quelle notizie; il nuovo sotto prefetto trasmise il rapporto alle autorità superiori, perché, come erano avvenuti alcuni dei fatti annunziati, così potevano presto avverarsi gli altri.
Lasciai il rapporto al sotto prefetto, il quale lo spedì al generale Morra. Pochi giorni dopo il generale mi mandò a chiamare e volle ch'io personalmente gli riconfermassi tutto.
Poi fui chiamato dal giudice istruttore al quale riferii pure tutto ciò che potevo dire sul modo come ebbi fatta la confidenza.
PRES.: La persona che le diede le notizie aggiunse da quale fonte provenivano?
TESTE: Sì, disse che quelle notizie provenivano dal comitato centrale.

DIFENS. PICCOLI: Quando ebbe fatte quelle confidenze?
TESTE: In ottobre.
PICCOLI: Si noti, quando il comitato centrale non si era ancora riunito. Domando poi al teste: crede egli che quella persona dicesse il vero e se davvero avesse parlato con persone del comitato centrale?
TESTE: Ne ho la certezza metafisica.
(Ilarità).

* * *

CAMERA DEI DEPUTATI
RESOCONTO SOMMARIO
Mercoledì 28 febbraio 1894.
Presidenza del presidente BIANCHERI

La seduta comincia alle ore 14.05
MINISCALCHI-ERIZZO, segretario, legge il processo verbale della seduta di ieri, che è approvato. PRESIDENTE annuncia che il presidente del Senato, dopo aver dato partecipazione della morte del senatore Anzani, invita la Camera a farsi rappresentare allo accompagnamento funebre domani alle 11.

Interrogazioni

CALENDA, ministro guardasigilli, risponde al deputato Luigi Rossi che chiede «se il ministro conosce ed approva i numerosi sequestri recentemente eseguiti a carico di parecchi giornali di Milano e se trova corretto che al sequestro non segua il giudizio».
Nello stesso tempo risponde ad altre analoghe degli onor. Prampolini e Comandini. Ricorda le circolari mandate in proposito dai precedenti ministri, per le

quali sono stabiliti i principi cardinali dell'azione dell'autorità giudiziaria in questa materia.

Queste circolari si ispiravano alla massima equità, ed egli non intende allontanarsi dagli elevati criteri ai quali quelle circolari furono ispirate, e che hanno fondamento nella legge.

Ma di fronte alle condizioni eccezionali in cui si trovarono alcune regioni d'Italia, il Governo non poteva non richiamare l'attenzione delle autorità giudiziarie sull'applicazione della legge sulla stampa.

L'on. Ministro enumera quindi i giornali sequestrati, specialmente in Milano, osservando che il procedimento giudiziario è avviato per tutti.

ROSSI L. dovrebbe dichiararsi soddisfatto dei principi di equità solennemente affermati; ma non può dirsi soddisfatto dell'atto pratico. L'on. Ministro ha citato i nomi dei giornali, ma non gli articoli, molti dei quali non contenevano affatto ragione di sequestro.

Questo è sopprimere la libertà di stampa. Nota infine che da molto tempo ai sequestri non seguono i processi.

PRAMPOLINI accenna a pretese non giustificate e ad arbitrii dei procuratori del Re e specialmente di quello in Milano, che costituiscono vera persecuzione verso alcuni giornali.

Protesta contro questo sistema, che viola assolutamente la libertà della stampa.

CALENDA, ministro guardasigilli, protesta a sua volta che si possa trattare di persecuzione; si tratta del rispetto alla legge, la quale ammette la esposizione di teorie, ma non ammette che coi giornali si apprestino le armi della ribellione. (Commenti all'estrema sinistra).

BOSELLI, ministro di agricoltura, industria e commercio, presenta un disegno di legge diretto a promuovere il miglioramento agrario in Sardegna.

Verificazione di poteri

PRESIDENTE legge le conclusioni della Giunta che propone la convalidazione dell'elezione dell'onorevole Cefaly nel collegio di Nicastro.
(Sono approvate).

Seguito dello svolgimento delle interpellanze

SPIRITO F., svolge la sua interpellanza, «sulle intenzioni del Governo circa il mantenimento dello stato d'assedio in Sicilia e nella Lunigiana».
Se può consentire che, in condizioni eccezionali, il Governo possa sospendere le leggi ordinarie, non può ammettere che le leggi statutarie possano venire revocate, sospese o limitate se non per virtù della sovranità nazionale, che è il fondamento del nostro diritto pubblico.
Una eccezione sola ammette, quella cioè che il Parlamento non si trovi riunito; allora la *suprema lex* può consigliare la sospensione dello Statuto. Ma questo caso egli ravvisa solamente nel caso di guerra contro lo straniero o di vera e propria guerra civile. Ma ci trovavamo in uno di questi casi?
L'oratore lo esclude e ricorda che nel mese di agosto Napoli fu in piena anarchia; eppure l'ordine fu ristabilito senza restringere le pubbliche libertà.
I moti di Sicilia si sarebbero potuti evitare con un'azione energica.
E il Ministero precedente si era preparato a fronteggiare gli avvenimenti; male fece quindi, a suo avviso, l'onorevole Crispi a revocare le disposizioni già prese.
Lamenta soprattutto la soppressione della libertà di stampa e che siano stati distolti i cittadini dai loro giudici naturali.

Non ostante tutte le violazioni della legge commesse dal Governo, segue l'oratore, i mali lamentati non avranno lenimento.

Primo di codesti mali il discredito ed il vilipendio al quale sono continuamente qui dentro esposti il Governo, i deputati, la borghesia; quella borghesia che ha dato tutta la sua intelligenza tutto il suo vigore, tutti i suoi affetti alla ricostituzione della patria.

Non crede che il sentimento del paese risponda alle accuse che si diffondono in quest'Aula; ed esorta Camera e Governo a resistere alla triste corrente, a valutare esattamente il pericolo e ad opporvi concordi le difese.

FARINA E. dà ragione della sua interpellanza «sulle misure da prendersi per togliere le cause di ulteriori disordini in Sicilia».

In presenza dei moti di Sicilia, ritiene che la condotta del Governo non possa venir giudicata con criteri giuridici. Era dovere del Governo non solo soffocare quei moti, ma dimostrare che ne saprebbe impedire altri ben maggiori; e questo merito, secondo l'oratore, va dato all'onorevole Crispi.

Accenna a fatti cui si è trovato presente e che richiedevano provvedimenti energici. Molto più importanti però dei fatti stessi sono le cause che li hanno prodotti; e son queste appunto che conviene eliminare.

Ragioni di malcontento veramente vi sono. La miseria è grande, le condizioni dei contadini e degli operai delle miniere deplorevoli; e l'oratore corrobora le proprie affermazioni con l'autorità di scrittori e di statisti che hanno studiato lo stato della Sicilia.

Le riunioni dei lavoratori, che presero nome di fasci, non furono in principio turbolente, ma pacifiche associazioni per il bene comune. Non nega che vi fosse un movimento socialista, e che le teorie socialistiche non fossero accettate dai direttori dei fasci; quindi facevasene propaganda. Ma ciò era conseguenza naturale dello stato delle cose; senza derivarne però odio di classe, perché neppur prospere sono certamente le condizioni dei proprietari e della borghesia.

Le discordie e la oppressione derivano piuttosto dai partiti locali e dagli abusi introdotti da improvvide amministrazioni comunali.

Quindi il sentimento di giustizia offeso aumentò quel malcontento di cui si è parlato, ed a torre il quale non basteranno mai mezze misure, ma occorrerà un profondo studio delle condizioni locali, ed energici provvedimenti.

Rialzare quelle popolazioni migliorandone le condizioni economiche ed educandole al culto del diritto e della libertà, sarà opera degna di un Governo civile e dell'uomo di Stato eminente che è ora al potere.

CRISPI, presidente del Consiglio. (Segni d'attenzione). Il suo discorso sarà obiettivo, né parlerà di persone se non quando lo porti la necessità dell'argomento.

Si è dipinta la borghesia con colori oscuri; ma fu per essa che il popolo ha ora una rappresentanza.

Essa ha il torto però di avere aumentato le scuole senza pensare alla educazione delle plebi.

Conviene risolvere il problema sociale, ma non quello che gli agitatori predicano alle turbe.

Divenuta libera la proprietà, aboliti i fidecommessi, i proprietari posseggono per legittimo diritto.

Ora si è elevato a scienza il diritto della spogliazione e il tentativo per attuare queste teorie si è avvicinato al delitto.

Male si era scelto il campo della propaganda di queste teorie, perché in Sicilia forte è il sentimento della proprietà e della famiglia.

Basta guardare i comuni dove i moti scoppiarono per convincersi che essi non furono causati dalla miseria.

Nella provincia di Trapani e nei comuni della provincia di Palermo, ove avvennero i disordini, vi è agiatezza e la proprietà è molto divisa.
I moti dunque furono causati da una cospirazione, che avrebbe portato i maggiori mali se il Governo non vi avesse provveduto.
I Fasci cominciarono nel 1891 e dapprincipio parvero istituzioni benefiche.
Nel 1892 ebbe luogo a Palermo l'Esposizione nazionale ed allora vennero in Sicilia degli operai del continente, che vi portarono la peste della sedizione. (Commenti).
Da quell'epoca cominciò per mezzo di congressi e di eccitamenti di rivoluzionari, che stanno all'estero, una vera organizzazione di rivoluzionari.
I Fasci erano 166, e 289.000 i soci che vi erano iscritti: i loro capi dichiaravano non aver fede nell'opera del Parlamento, ma nella rivoluzione e ciò risulta da brani di lettere intercettate, che l'oratore legge alla Camera. Si tentò anche di porsi d'accordo con alcune società clericali del continente e di ciò sonvi pure prove luminose. Le ultime decisioni poi si presero in un convegno tenuto a Marsiglia, nel quale fu stabilito che il così detto Garibaldi dell'anarchia sarebbe andato a Palermo. Si era stabilito d'insorgere per la metà di febbraio, ma poi temendosi che il Governo avrebbe prevenuto il moto si stabilì di anticiparlo, e ci fu un quattro aprile al quale non parteciparono il nuovo Garibaldi ed i suoi amici. (Si ride).
Per il 1894 si era promessa la divisione delle terre ai contadini e si contava anche su una grossa guerra, che doveva scoppiare in quell'anno, sull'aiuto della Russia, alla quale si pensava di cedere un porto. (Sensazione).
Per denotare quale fosse il carattere del movimento legge un proclama pubblicato in un comune, concepito nei

seguenti termini: «Operai! Figli del Vespro! Ancora dormite? Corriamo al carcere a liberare i fratelli. Morte al Re, agli impiegati. Abbasso le tasse e fuoco al Municipio, al Casino dei Civili. Evviva il fascio dei lavoratori! Quando le campane della Matrice e del Salvatore suoneranno, assieme corriamo armati al Castello, che tutto è pronto per la libertà. Attenti al segnale!». (Vivissima impressione).

PRAMPOLINI. Ma il manifesto è firmato?

CRISPI, presidente del Consiglio. È firmatissimo. (Viva ilarità).

* * *

Del manifesto-appello «firmatissimo» di Petralia Soprana

Il 17 dicembre 1893 pervenne al delegato di pubblica sicurezza di Petralia Soprana una lettera anonima nella quale si faceva riferimento a eventuali prossimi disordini. A Petralia Soprana non c'era il Fascio. Pochi giorni prima, Ignazio Abbate, falegname nonché consigliere comunale del luogo, aveva tentato di istituirlo e di organizzare una dimostrazione popolare, ma era stato immediatamente arrestato e nel paese era ritornata la calma. Nella lettera anonima si diceva che gli amici dell'Abbate si stavano organizzando per assaltare il carcere e liberarlo. Si aggiungeva che sarebbe arrivato un plico a Giuseppe Alessi, pastaio del luogo, per incitare alla rivolta. La polizia di Petralia era scettica e ipotizzò che si trattasse del tentativo, da parte di alcuni cittadini del luogo, di suscitare allarme nelle autorità per ottenere il ripristino del distaccamento militare abolito. Però, si recarono presso l'ufficio postale e effettivamente c'era un plico indirizzato a Alessi. Il plico conteneva un manifesto-appello.

Operai Sopranesi, Figli del Vespro!!!
Ancora dormite?!! Corriamo al carcere a liberare il fratello. Morte al Re e agli impiegati.
Abbasso le tasse. Fuoco al Municipio e casino civili.
Viva il fascio e i lavoratori. Quando le campane della Matrice Salvatore e Oreto suonano assieme corriamo armati al Castello che tutto è pronto per la libertà. Attenti al segnale!!!
Sangu friddu ca tutta è prontu pi natali capu d'annu.
F. d. L.

A questo punto, le autorità sequestrano il plico, trasferiscono l'Abbate dal carcere di Petralia Soprana a quello di Termini Imerese per motivi di sicurezza, e interrogano l'Alessi, il pastaio. Il quale cade letteralmente dalle nuvole, si dichiara estraneo alla vicenda e non sa come difendersi, anche di fronte alla minaccia del carcere.[20]
Fu Domenica Gendusa, bella moglie del pastaio Alessi, a svelare, pochi giorni più tardi, il mistero della pericolosissima cospirazione, per dimostrare l'innocenza del marito. La signora Gendusa spiegò che autore dello scritto non poteva essere stato altri che Accursio Bonsignore, vice cancelliere della Pretura di Petralia Soprana, il quale, invaghitosi di lei, in un primo momento le aveva dichiarato il suo amore e le aveva consigliato di avvelenare il marito mentre lui avrebbe provveduto ad avvelenare la moglie. Di fronte al suo rifiuto le aveva scritto due biglietti, che ella consegnò alle autorità, in uno dei quali le faceva dichiarazioni d'affetto mentre nell'altro minacciava di ucciderla e di suicidarsi subito dopo se fosse stato ancora respinto. Aggiungeva che in tal caso avrebbe compromesso il di lei

[20] Comunicazione del Sottoprefetto al Prefetto, 26 dicembre 1893, A.S.P. Pref., Gab. b. 144, cat. 4, fasc. 24.

marito e il padre. Si vede che aveva pensato un modo meno sanguinario per liberarsi del marito della Gendusa – il manifesto-appello incendiario, appunto, provvedendo a recapitarlo per posta al pastaio e nello stesso tempo scrivendo una lettera anonima di denuncia. Arrestato, il Bonsignore fu interrogato dalle competenti autorità, «confessò il tutto allegando a propria scusa l'alienazione mentale cagionatagli da una fatale passione»,[21] processato e condannato a tre anni di reclusione. E condotto nel carcere di Termini Imerese. Dove c'era l'Abbate a aspettarlo.

[21] Napoleone Colajanni, *Un romanzo inverosimile*, «il Secolo», Milano, 7 marzo 1894.

IX
Il processo e le condanne

«Il Presidente, essendo le ore 7 e 1/2 e non ci si vedendo più, toglie la seduta».

In nome di S.M.
UMBERTO I
per grazia di Dio e per volontà
della Nazione Re d'Italia[22]

Il Tribunale Militare di Guerra in Palermo
I^A^ Sezione composto dei Signori
Giussani Cav. Filippo, Colonnello, Presidente; Bianchi Cav. Luigi, Tenente Colonnello, Giudice Supplente; Borgna Cav. Valerio, Tenente Colonnello, Giudice; De Banyn Cav. Girolamo, Capitano, Giudice; Minneci Cav. Ignazio, Capitano, Giudice; Innocenti Edoardo, Capitano, Giudice.
Il supplente per l'effettivo impedito.
e con l'assistenza del sottoscritto Segretario
ha pronunziato la seguente
SENTENZA
nella causa contro

1 - De Felice Giuffrida Giuseppe, fu Sebastiano, di anni 34, da Catania, deputato al Parlamento Nazionale, detenuto dal 4 gennaio 1894 in seguito ad arresto in Palermo; recidivo in genere per condanne anteriori;

[22] Rino Messina, *Il processo imperfetto. 1894: I Fasci siciliani alla sbarra*, Sellerio, Palermo, 2008.

2 - Ciralli Francesco Paolo, di Gioacchino, di anni 27, commerciante, da Palermo, detenuto dal 4 gennaio 1894 in seguito ad arresto in Palermo;
3 - Petrina Nicolò, fu Francesco, di anni 32, pubblicista, nato in Randazzo e domiciliato in Messina, detenuto dal 4 gennaio 1894 in seguito ad arresto in Palermo; recidivo in genere per condanne precedentemente sofferte;
4 - Montalto Giacomo, di Francesco, avvocato, di anni 31, da Trapani; detenuto dal 5 gennaio 1894, in seguito ad arresto in Palermo;
5 - Cassisa Francesco, di Giuseppe, di anni 27, da Trapani, di condizione civile, detenuto dal 5 gennaio ultimo scorso in seguito ad arresto in Palermo;
6 - Bosco Garibaldi Rosario, di Nicolò, di anni 28, da Palermo, di condizione Ragioniere, detenuto dal giorno 16 gennaio 1894 in seguito ad arresto sul piroscafo Bagnara;
7 - Barbato Dottor Nicolò di Giuseppe, di anni 37, da Piana dei Greci (Palermo), detenuto come il precedente dal 16 gennaio 1894, in seguito ad arresto sul piroscafo Bagnara;
8 - Verro Bernardino fu Gioacchino, di anni 27, da Corleone, impiegato Municipale, detenuto dal 16 gennaio 1894 in seguito ad arresto, avvenuto come quello dei due precedenti;
9 - Pico Antonino, di Salvatore, di anni 22, da Francofone (Siracusa), studente in matematiche, detenuto dal 25 gennaio 1894 in seguito ad arresto in Francofonte;
10 - Benzi Gaetano, fu Desiderio, di anni 45, da Carpi (Modena), Commesso viaggiatore, detenuto dal 4 febbraio 1894 in seguito ad arresto in Bologna;
11 - Gulì Emanuele, fu Carlo, di anni 29, da Palermo, impiegato ferroviario, detenuto dal 5 dicembre 1893 in seguito ad arresto in Catania.

accusati tutti

1. di cospirazione per commettere fatti diretti a far sorgere in armi gli abitanti del Regno contro i poteri dello Stato per mutarne violentemente la Costituzione.

2. di eccitamento alla Guerra Civile ed alla devastazione, strage e saccheggio in qualsiasi parte del Regno con la consecuzione in parte dello intento.

Reati avvenuti nei mesi di novembre e dicembre 1893 e gennaio 1894 in Sicilia e Palermo. Articolo 134 in rapporto agli articoli 120 e 252 del Codice penale comune.

Ed inoltre De Felice Giuffrida Giuseppe dei reati di cui agli articoli 126 e 247 stesso Codice per avere in un discorso tenuto pubblicamente il 12 ottobre 1893 al popolo radunato in Casteltermini (Bivona) vilipeso le istituzioni costituzionali dello Stato ed incitato alla disobbedienza delle leggi ed all'odio fra le classi sociali.

Verro Bernardino di istigazione a delinquere per avere il 28 dicembre 1893 in Prizzi profferito discorso sovversivo in una riunione di quel fascio dei lavoratori usando della parola calma al fine di una migliore preparazione onde compatti insorgere contro i poteri dello Stato. Reato previsto e contemplato dall'articolo 246 in rapporto al 120 del detto Codice.

Colla circostanza aggravante della recidiva generica a carico dei sunnominati De Felice Giuffrida Giuseppe; Petrina Nicolò; per condanne passate in giudicato riportate anteriormente ai fatti di cui si tratta in questo giudizio da varii Tribunali ordinari.

Sentita in pubblica udienza lettura della ordinanza di rinvio 18 marzo corrente anno della Camera di consiglio del Tribunale penale di Palermo; dell'ordinanza 20 stesso mese della Camera di consiglio del Tribunale penale di Girgenti ed infine di quella 22 marzo

suddetto della sezione d'accusa della Corte d'Appello di Palermo;
Vista la sentenza di questo stesso Tribunale in data 16 marzo p.p. con cui Verro Bernardino è stato condannato alla pena di 16 anni di Reclusione ed accessori.
Visti i Decreti 8 e 20 gennaio 1894 del Generale Comandante il XII Corpo d'armata Morra di Lavriano e della Monta Commendator Roberto, Regio Commissario Straordinario per le provincie della Sicilia.
Premesso che la Camera dei Deputati con sue deliberazioni in data del 9 marzo suddetto accordava la sua autorizzazione a procedersi penalmente contro il Deputato De Felice Giuffrida Giuseppe per i titoli di reato formulati, emergendo ciò da dispaccio in stesso mese di S.E. il Guardasigilli Ministro di Grazia e Giustizia firmato Calenda.
Sentito il Pubblico Ministero in persona del Cav. Viesti Ignazio Regio Avvocato fiscale Militare nelle sue conclusioni;
Sentiti gli accusati i quali coi loro difensori ebbero per ultimi la parola;

il Tribunale ha considerato quanto segue:

Le numerose testimonianze asseverate ed i numerosissimi importanti documenti resi pubblici ai dibattimenti hanno pienamente constatati i fatti qui sotto narrati.
Sul principio dell'anno 1892 e fors'anche prima, si cominciarono a istituire in qualche comune dell'Isola i fasci dei lavoratori, associazioni che avevano per programma apparente il miglioramento delle condizioni economiche dei lavoratori, la redenzione delle masse dalla povertà morale ed economica in cui si trovavano.
In brevissimo tempo, per opera di infaticabili agitatori i fasci si moltiplicarono e presto tutta l'Isola ne fu

piena. I numerosi lavoratori che sulle prime vi si ascrissero ascesero presto a molte migliaia creando così una vasta agitazione.
Nei primordii il fatto non destò apprensione ma poi quando si comprese tutta la importanza che assumevano quelle società e tutta la potenza che esercitavano, l'allarme fu grande e generale.
I fasci erano organizzati mirabilmente – ciascuno era diretto da un presidente, da uno o due vice presidenti – c'era inoltre un cassiere ed un segretario e taluni avevano anche un consiglio direttivo; avevano parecchi la bandiera rossa come insegna, coccarde per distintivo dei soci; taluno anche la banda musicale. Tutti obbedivano al Comitato centrale di Palermo, composto di nove membri, i quali dirigevano l'azione. Erano frequenti le conferenze, i discorsi, le processioni, i banchetti, le solennità, ed in tutte queste occasioni i componenti dei fasci facevano mostra di sé compatti, disciplinati, entusiasti.
Nei discorsi che gli agitatori tenevano ai fascisti si spiegavano le teorie del socialismo, si propugnava l'emancipazione morale materiale economica dei lavoratori, si attaccavano i padroni ed i proprietari, si dipingeva come in uno splendido miraggio la redenzione delle masse e si invocava il *dies irae*.
Questi discorsi erano tenuti a popolazioni incolte, impoverite dalla crisi cui andò soggetta questa nobile regione d'Italia; a lavoratori ignoranti, rozzi, abbrutiti dal vizio e dalla miseria, che non appuravano distinzioni di epoca e di forma, che si esaltavano al pensiero delle promesse che loro venivano fatte, che comprendevano solo di dover insorgere e ribellarsi, reagire.
Gli apostoli di queste teorie, con frasi ora velate, ma sempre trasparenti, ora chiarissime usavano la figura dell'antitesi e dopo aver dipinte le frodi, le soper-

chierie, l'agiatezza di una classe di cittadini, la prepotenza del Governo, descrivevano le misere condizioni dei lavoratori con colori vivi, inasprivano i loro sentimenti, alimentavano i loro rancori, stimolavano le loro ire. Ora, quando si tiene questo linguaggio, quando a popolazioni misere, rozze si parla del dispotismo di cui son vittime per opera di un'altra classe, della miseria e delle loro privazioni; quando si rappresenta questo stato di cose come una conseguenza dell'ingordigia altrui; quando a queste popolazioni si parla della loro forza, della loro potenza e si dice che al momento dell'azione vinceranno e nessuno si azzarderà contestare la loro vittoria, è naturale, logico, indefettibile che insorgano e si sollevino, che vogliano vedere immediatamente realizzate le promesse che loro si fecero – attuata quella rivoluzione che loro si faceva balenare avanti i loro occhi come l'unico mezzo per ottenere il benessere – raggiunta quella felicità che era diventata l'aspirazione di ogni ora.
I lavoratori ed i contadini specialmente imbevuti di queste idee non discorrevano d'altro, aspettavano il momento di fare la rivoluzione, abbandonavano il lavoro con danno delle loro famiglie che maggiormente risentivano la miseria, e non si limitavano a scioperare, ma costringevano anche i compagni che non dividevano i loro progetti a resistere ai padroni. Così frequenti gli scioperi e le coalizioni, difficili gli accordi fra lavoratori e padroni, imposto l'intervento dei fasci a dettar legge nei dissidii fra proprietari ed operai, e molti di questi erano costretti perfino con minaccia iscriversi nei fasci.
Con una prodigiosa attività vennero così raccolte e organizzate le classi lavoratrici e tutta l'Isola fu compresa in una fittissima rete stesa nella maggior parte dei comuni. Era una federazione di tutti i fasci forte-

mente disciplinati, messi in relazione fra loro con continue comunicazioni, pronti ad un'azione comune e concorde, dipendenti con disciplina gerarchica dal Comitato centrale. Era uno immenso esercito bene ordinato – obbediente – pronto alla lotta – ardente di combattere appena si presentasse l'occasione opportuna – esercito nel quale senza scrupoli erano state ammesse anche persone diffamate, pregiudicate, pronte più che mai a pescare nel torbido ed a desiderare tumulti per i loro fini malvagi.
L'agitazione delle masse andava crescendo; e negli ultimi mesi del 1893 le impazienze aumentavano e dovunque c'erano fasci costituiti c'erano allarmi. La forza pubblica che era scarsa nell'Isola doveva correre qua e là per garantire le proprietà che si dicevano minacciate, per sedare dimostrazioni per impedire tumulti disordini. Era generale la voce che qualche cosa si sarebbe tentato; era unanime l'opinione che una lotta era prossima, e i contadini stessi lo ripetevano sotto varie forme, sia alludendo alla imminente rivoluzione, sia alla prossima spartizione delle terre, sia al momento in cui non si pagherebbero più tasse.
Le prove di tutto ciò si ricavano dalle testimonianze, dai rapporti d'uffizio, da tutto il complesso delle emergenze processuali.
E che non si trattasse solo di pacifica evoluzione, della propaganda di teorie umanitarie o di semplici dottrine, lo si desume dalla prova documentale, la più sincera perché incorruttibile.
Certo Talamo Vincenzo da Monteleone Calabro scriveva in data del 10 dicembre 1893 al De Felice «[...] *il momento è supremo* ed è mestieri che ogni onesto offra la miglior cooperazione per il bene universale» soggiungendo poi che era bene che nell'ora della *riscossa tutti siano preparati*.

Allo stesso De Felice un tal Curzio Carmine scriveva da Napoli che in vari Comuni del Napolitano tutti erano disposti e pronti ad unirsi ai fasci, soggiungendo «[...] *la faremo* onorevole De Felice, sì la faremo la rivoluzione». Altre lettere accennano meno chiaramente alla rivoluzione, ma alludono sempre a propositi fieri.
Però fino dal maggio 1893 quando si tenne in Palermo il congresso dei fasci siciliani fu proclamato che lo scopo dei fasci era e doveva essere rivoluzionario.
La Regia Questura poté avere notizie precise della discussione avvenuta durante le sedute del congresso: vi fu proclamata la lotta di classe e il De Felice disse: «*Organizziamoci per la rivoluzione* ed allora allo Esercito del Governo, opporremo un *Esercito di lavoratori*».
Nelle sedute stesse fu approvato all'unanimità la proposta *di costituire un comitato esecutivo per preparare la rivoluzione*.
Né si può dubitare della verità delle relazioni avute dalla Questura sul tenore dei discorsi fatti nel congresso perché in una lettera in data 25 maggio 1893 che l'Avvocato Montalto scriveva al suo amico Curatolo di Trapani si legge: «*Il congresso è riuscito: nota dominante la rivoluzione. In Sicilia si ha premura di farla ma sono impreparati*. Si è soppresso l'appellativo *rivoluzionario* accanto alla parola *socialismo* per non avere fastidii».
Come il Montalto, anche il Cassisa dava relazione al Curatolo delle discussioni del congresso, ed esso pure scriveva che non si era parlato di altro che di *rivoluzione* ed esaltandosi soggiungeva «[...] questo ruggito di belve inneggianti alla rivoluzione, al riscatto ci è venuto dalle montagne e dai paesi circonvicini... E la rivoluzione verrà dalle montagne! Un giorno e non sarà lontano, questa corona di monti che cinge Palermo sarà tutta piena di gente armata di fucili, di zappe e di picconi... Niuna forza varrà a trattenerla e questa fiuma-

na di teste, di braccia e di luccicanti canne e di bastoni si riverserà fatalmente in questa nostra metropoli e chiederà giustizia e vorrà rivendicazione. Questo, son sicuro che in Sicilia avverrà perché il nostro popolo capisce il socialismo con la ribellione e con la fiamma devastatrice del vulcano».

È provato quindi a non dubitarne che fino dal maggio il programma era la rivolta, la ribellione contro la classe borghese, la guerra civile. Questa l'intonazione, la fisionomia vera del movimento che in un dato momento doveva scoppiare.

E tutto tendeva a ciò, la preparazione – l'organizzazione – i discorsi che si andavano facendo qua e là per infiammare le masse per tenerne desto l'entusiasmo, per tenerle unite e compatte, insegnando loro che questa unione era l'unico mezzo per raggiungere lo scopo.

Al 9 dicembre scoppiarono gravi disordini a Partinico, dove si incendiarono i casotti daziarii, si distrussero gli archivii ed i mobili del municipio. Nel successivo giorno 10 più gravi disordini succedono a Giardinello, dove la truppa è costretta a far fuoco e vi sono molte vittime.

A Monreale avvengono tumulti nel giorno 17 dicembre 1893, indi a Lercara il 24 e 25 dicembre, poi a Terrasini, Pietraperzia, Valguarnera, Mazzara, Palma Montechiaro, Salemi, Trapani, Castelvetrano, Santa Caterina e dovunque con caratteri gravi, con furore di popolo. Tutti questi tumulti avevano una identica fisionomia, un unico pretesto, la gravezza delle tasse daziarie, un unico obiettivo il Municipio. La folla si assembrava rumoreggiando tumultuosa. In quasi tutti i comuni l'assembramento o cominciava dai locali del fascio o era guidato dai capi di esso; accerchiava la residenza municipale, la invadeva, distruggeva, potendo, le carte, gli archivi, bruciava i casotti daziarii. La folla in molti luoghi portava i ritratti delle loro Maestà il Re e la Regina, gridava Viva l'Esercito e nello stesso tempo non dava retta agli ammonimenti dei pochi soldati. Li asserragliava, li circondava così da vicino da impedir loro ogni movimento ed anzi a Gibellina cercò di disarmare un soldato appressandogli la baionetta ed a Belmonte fu a bruciapelo mortalmente ferito con pistola il soldato perché tentava di fermare gli altri ed a S. Caterina Villarmosa fu ferito da arma da taglio un altro militare.

In qualche comune la devastazione prese proporzioni imponenti come a Salemi, a Mazzara, Valguarnera, Pietraperzia. In altri come a Giardinello e Gibellina il popolo aveva l'ebbrezza feroce e si abbandonava ad atti di atroce malvagità, dovunque il terrore, l'intimidazione, la guerra civile.

La uniformità del movimento che assumeva in ogni comune caratteri uguali non può spiegarsi con la teoria della incitazione e della suggestione, perché si imita e si ripete ciò che si vede fare da altri, e quei fenomeni si spiegano e si comprendono in una folla perché l'uno fa quello che gli altri fanno; ma non allorquando si tratta di fatti che avvengono in luoghi diversi a distanza di giorni.

Evidente invece che una parola d'ordine correva da un comune all'altro – che unica era la spinta, che si trattava di un movimento concertato che avrebbe dovuto probabilmente scoppiare con maggior ordine e contemporaneità, ma che, come succede anche negli eserciti i più bene organizzati, non ebbe concorde esecuzione.

Le masse preparate, pronte a sollevarsi erano dirette dai membri del comitato centrale di Palermo e quella rivoluzione che era stata decisa nel maggio scoppiò. Non fu una cosa non voluta, inattesa, impreveduta e che avesse sorpassate le intenzioni di chi istituì e organizzò i fasci, ma anzi un effetto non soltanto facilmen-

te prevedibile, ma voluto, aspettato come una conseguenza naturale dei discorsi, della propaganda, delle decisioni prese. Non ci fu sproporzione fra causa ed effetto: la rivoluzione si voleva, e la rivoluzione si ebbe: era inteso e preparato che i fasci dovevano ribellarsi, combattere la borghesia, i padroni, e infatti si ribellarono e combatterono.
Riassunti così gli avvenimenti, rimane a vedere se chi ha iniziato, predisposto, organizzato tutto il movimento ha commesso un delitto e quale e se il titolo dell'accusa è fondato.
È da premettersi che nei diversi comuni ove sono avvenuti gravi disordini, tumulti e devastazioni si sono dovunque istruiti processi ed ebbero già luogo moltissime condanne di persone che direttamente concorsero a suscitare la guerra civile ed a portare la devastazione e la strage, persone ritenute tutte come colpevoli del reato previsto dallo art. 252 del Codice penale. E su questo fatto di pubblica notorietà e del quale si hanno in processo le prove non occorre soffermarsi ulteriormente.
Anche in questo reato, come in qualunque altro, ci sono dei gradi di responsabilità e quindi anche nello eccitamento alla guerra civile ci possono essere dei complici.
E questa forma appunto di responsabilità è quella che si attaglia agli odierni prevenuti.
Essi non cooperarono direttamente alla guerra civile, alle devastazioni, ai saccheggi, ma eccitarono e non si limitarono all'eccitamento colla parola (locchè basterebbe per lo art. 64 n. 1) ma eccitarono con un complesso di fatti, vale a dire con tutti i preparativi di organizzazione e di disciplina dei fasci, con tutte le corse nei vari comuni, coi banchetti, colle processioni, con tutta la propaganda continua, instancabile, prolungata per mesi e mesi, con tutti gli incitamenti e gli ajuti pre-

stati, con tutta la direzione data al movimento. Perché l'art. 252 vuole che lo eccitamento sia diretto a *suscitare* la guerra civile ed a *portare* la devastazione, il saccheggio, la strage.
Conviene quindi esaminare se l'opera dei prevenuti era diretta a quello scopo, era idonea ed efficace. E manifestamente aveva tutti questi requisiti ed anzi, tanto era efficace che senza di essa il reato dell'art. 252 non si sarebbe commesso. Perché senza la istituzione e la organizzazione dei fasci, senza la disciplina e l'indirizzo loro, senza gli incitamenti e le istruzioni date, i dolorosissimi fatti che così gravemente turbarono la tranquillità di questa Isola non sarebbero avvenuti. Potranno eventualmente i fasci aver trovato un terreno propizio, potranno avere concorso allo avvenimento dei disordini in qualche comune, altre cause, ma è di una evidenza intuitiva che non si sarebbero avute devastazioni, liberazione di prigionieri, saccheggi e tanto sangue sparso se i fasci non fossero stati istituiti ed organizzati come lo furono; se non fossero stati da lunga mano preparati a suscitare la guerra civile.
E dopo tutto ciò è manifesto che i prevenuti debbono rispondere di complicità, poiché sebbene non si sieno trovati personalmente in alcuno dei tumulti che si sono deplorati, pure tuttavia essi colla lunga preparazione precedente hanno dato causa al movimento che si è verificato, o perlomeno, e su questo non può cadere alcun dubbio, lo hanno ajutato secondo le ipotesi della complicità prevista dallo art. 64 del Codice penale.
E per le considerazioni testé svolte ne consegue altresì che questa complicità è stata necessaria, perché non è possibile ammettere che i disordini sarebbero avvenuti se non vi fosse stata la precedente opera degli accusati, i quali furono gli autori morali di tutti i disordini; e quindi devono rispondere penalmente come gli auto-

ri e cooperatori del reato a termini dell'ultimo capoverso del citato articolo 64.
Passando all'altro capo di imputazione che è quello della cospirazione, si osserva quanto segue.
Perché vi sia cospirazione il Codice penale esige una risoluzione d'agire concertata e stabilita fra più persone; che questo concerto tenda al fine di far insorgere in armi gli abitanti del Regno contro i poteri dello Stato; che si sia fatto il concerto anche sui mezzi con cui raggiungere il fine propostosi.
Il legislatore, avuto riguardo alla gravità ed importanza che in uno Stato civile assumono i delitti contro la sicurezza dello Stato, ha creduto di dover derogare dalle norme sul tentativo ed ha incriminato la cospirazione, anche quando non si sia manifestata con alcun principio di esecuzione. Ha prescritto però alcune norme onde non si confonda con la vera cospirazione un progetto vago ed indefinito. Ci deve essere quindi un progetto serio, concreto, concertato e stabilito, vale a dire una risoluzione positiva che abbia tutti i caratteri della ponderazione, della maturità, un disegno non campato in aria, ma prestabilito nelle varie sue parti. Tale progetto deve essere l'accordo di più d'una volontà – e deve avere anche determinati i mezzi con cui raggiungere il fine.
Ma sarebbe errore il credere che il legislatore con le parole mezzi *determinati* abbia inteso di alludere ai mezzi materiali con cui combattere, come ad esempio le armi; intese invece, come si legge nella Relazione al Re sulla promulgazione del Codice penale N° LXV, «di richiedere che la risoluzione di agire importi eziandio la conclusione sui mezzi di agire, vale a dire sul complesso dei mezzi coi quali si vuole attuare il progetto». Vana quindi la ricerca se vi fosse raccolta di armi da fuoco – inutile ogni altra disquisizione sul mancato rin-

venimento di depositi d'armi; sulla maggiore o minore vendita di esse – perché le rivoluzioni si fanno anche senza armi proprie, e le masse, come si è visto nei deplorati tumulti, combattevano coi bastoni, coi sassi, con la imponenza del numero.

Quando fra più persone uno accordo si è fatto, quando il patto di far sorgere in armi gli abitanti del Regno si è stretto seriamente e fermamente, quando si è preparato ed organizzato il modo di riuscire, quando si è tutto predisposto, formato l'esercito che deve combattere e scelto il modo di raggiungere l'intento, la cospirazione, la quale non è altro che un progetto concretato e disegnato esiste – e il Tribunale si è convinto che realmente essa sussista.

Ma si dice dalla difesa la cospirazione non è conciliabile col reato di eccitamento alla guerra civile, affermando questo si deve escludere l'altro delitto, perché l'uno si confonde con l'altro.

Anzi tutto legalmente è da osservare che si tratta di due reati d'indole affatto diversa: la cospirazione è delitto d'indole politica, collocato nel titolo dei *delitti contro la sicurezza dello Stato*; l'eccitamento alla guerra civile è invece posto fra i *delitti contro l'ordine pubblico.*

La cospirazione è un attentato remotissimo, senza alcun principio di esecuzione – pel quale non occorre sia avvenuta alcuna manifestazione esteriore – l'eccitamento alla guerra civile esige invece che ci sieno dei fatti esecutivi.

Infatti quale era il pensiero dominante? la linea di condotta? Suscitare la guerra civile. Aizzare il popolo contro la borghesia i proprietari – prendere di mira i municipii, approfittare delle lotte locali, promuovere disordini, tumulti, devastazioni.

Le masse ch'erano spinte alla guerra civile, infiammate di bellicoso ardore non avevano uno scopo politico,

agognavano solo di ottenere il promesso benessere. Tanto è vero che portavano i ritratti dei Sovrani e che nei tumulti non si sollevò mai un grido che accennasse a rovesciamento dei poteri dello Stato.
Erano tenute all'oscuro del fine ultimo cui miravano i cospiratori – ad esse si predicava la redenzione economica e si spingevano ad un movimento socialista. Ma la cospirazione esisteva – era un accordo di pochi, che si sarebbe realizzato a tempo opportuno, che per ora rimaneva allo stato di complotto.
La insurrezione generale era un fine recondito che non si voleva appalesare se non a tempo opportuno; pochissimi lo sapevano, i capi, gli eletti, i promotori. Ma fra essi era concertato e stabilito quel fine, il programma era delineato in tutte le sue parti ed era anche prossimo ad essere mandato ad esecuzione. Il popolo, come sempre, era lo strumento, egli doveva abbattere, gli altri avrebbero pensato ad edificare.
Conciliabili quindi i due delitti eccitare la guerra civile e cospirare – nessuna antinomia fra essi. E sarebbe strano davvero che coloro che concorsero a suscitare la guerra civile e che inoltre cospirarono per far insorgere dovessero essere punibili pel primo solo fatto come coloro che non presero parte alla cospirazione. Il Codice penale vigente vuole che ogni reato sia punito con pena separata e solo stabilisce delle diminuzioni di pena nel caso di concorso di reati e di pene. In un unico caso ammette l'assorbimento quando *con un medesimo fatto* si violano diverse disposizioni di legge (art. 78) ma nella specie i fatti sono diversi per indole, per epoca e per fine.
Si dice ancora dalla difesa: il manifesto del 3 gennaio 1894 è la prova del recesso dalla cospirazione, perché in quel manifesto si raccomanda la calma.
Perché il recesso sia valido sono necessarie due condizioni, che esso sia avvenuto prima che si cominci l'esecuzio-

ne del delitto e prima che sia iniziato il procedimento pel delitto stesso. Ora è un errore interpretare il proclama del 3 gennaio come una desistenza. È da osservare anzi tutto che quel proclama fu emanato in condizioni e circostanze tutto affatto speciali. I tumulti erano già avvenuti e continuavano; il Governo aveva deboli forze a sua disposizione ed il pericolo che i disordini aumentassero e si propagassero per tutta l'Isola era imminente.
Il comitato centrale approfittò di tale circostanza per dettar legge e con linguaggio imperioso di chi si crede padrone della situazione, chiese al Governo a nome *dei lavoratori della Sicilia* molte concessioni, soggiungendo il seguente monito: «Seguitate intanto ad organizzarvi, e ritornate alla calma, perché coi moti isolati e convulsionari non si raggiungono beneficii duraturi». Come mai queste parole potranno interpretarsi per un recesso? Recesso significa desistenza, abbandono di un progetto, rinunzia alla sua realizzazione e se davvero si fosse voluto abbandonare ogni concerto fatto, ben altro sarebbe stato il linguaggio da tenere ai lavoratori, ben diverse le esortazioni alla calma, alla pace. Si sarebbe dovuto dir loro che non era quello il modo di ottenere gli agognati miglioramenti; che essi del comitato centrale non intendevano che si ricorresse a quei mezzi, che non è con la violenza, con gli incendi, coi saccheggi che si raggiunge l'era della redenzione e della felicità.
Invece si dice che con moti isolati e convulsionari non si ottengono beneficii duraturi, lasciando credere che si sarebbero raggiunti se il movimento fosse stato generale e non convulsionario e si raccomanda di seguitare l'organizzazione.
Ma la prova che nemmeno l'ombra della desistenza fosse nell'animo di chi dettava il manifesto sta nell'ultimo capoverso del medesimo: «Dalle decisioni del Governo

trarremo norma della condotta che dovremo tenere».
Dunque una intimazione al Governo esplicita, evidente e fatta in tuono minaccioso – noi ci regoleremo secondo le risposte del Governo, e in altre parole, se vuole la pace la comperi accettando le nostre proposte; ove non le accettasse avrà la guerra.
Il manifesto dunque, per chi sarà tenuto responsabile di cospirazione, non esprime alcuna resipiscenza, nessun recesso, nessun abbandono di progetto.
Tutto al più potrebbe significare una sosta, un armistizio determinato dalla circostanza sopravvenuta e cioè dalle energiche misure prese dal Governo con lo invio di numerose truppe in Sicilia.
E qui torna opportuno ricordare che il testimone Alessandro Tasca depose che la sera del 3 gennaio 1894 era pervenuto alla Redazione del «Siciliano», presso la quale era riunito il Comitato, un telegramma da Roma che informava delle intenzioni del Governo di procedere all'arresto dei capi del movimento qualunque fosse la loro posizione. La difesa sollevò parecchie eccezioni pregiudiziali ma nessuna di esse pare al Tribunale che avesse un legale fondamento che passando in rassegna il Tribunale è venuto al convincimento di quanto va ad esporre.
La incompetenza, illegalità ed incostituzionalità del Tribunale militare di Guerra fu tesi già eccepita e che il Tribunale con ordinanza ha anche risoluta negativamente, con la piena sanzione della suprema corte di cassazione in Roma, la quale con più d'una sentenza e recentemente con quella del 7 maggio 1894 in causa Curatolo affermò: che quando il paese versa in condizioni eccezionali di grave pericolo, occorrono rimedi eccezionali; che la legge non fa distinzione fra le aggressioni provenienti dall'interno e quelle provenienti dall'estero per cui sì alle une come alle altre può applicar-

si lo stato di guerra; che quando i fatti incriminati sono concorsi a creare quello stato eccezionale di cose che rese necessaria temporaneamente la istituzione dei tribunali di guerra, non è affatto illegale applicare il principio della retroattività.

Nessun peso merita la eccezione che si vorrebbe dedurre dagli artt. 550 e 552 del Codice penale militare affermando che non si potrebbe procedere al giudizio contro gli imputati per non essersi osservate le prescrizioni contenute in quegli articoli. L'art. 552 stabilisce che in tempo di guerra l'esercizio dell'azione penale spetta all'autorità militare, ma siccome il Commissario Straordinario coi suoi decreti dell'8 e 20 gennaio p.p. decretò che l'istruttoria dei processi venisse fatta dalla autorità Giudiziaria ordinaria e con tutte le forme ordinarie e che l'autorità militare fosse solo competente pel giudizio, così è evidente che nella specie non potesse trovare applicazione l'art. 552 ed è abbastanza singolare che dalla difesa la si invochi mentre contiene la restrizione d'un principio di diritto comune.

Quanto all'art. 550 esso non poteva applicarsi per le medesime ragioni che cioè alle norme speciali del Codice penale militare furono per bando del Commissario Straordinario sostituite a maggior guarentigia dei cittadini, le norme del diritto comune.

Sostiene ancora la difesa che si è incorso in un'altra nullità perché mentre la camera di consiglio rinviava gli imputati al giudizio del Tribunale di guerra per rispondere come autori del delitto di eccitamento alla guerra civile in base all'art. 63 del Codice penale, la Camera dei Deputati accordava invece l'autorizzazione a procedere contro il De Felice solamente come complice nei sensi dell'art. 64 Codice penale quindi c'è antinomia.

Il Tribunale non poteva uscire e non è uscito dai termini della autorizzazione accordata dalla Camera dei

Deputati; esso, come fu precedentemente dimostrato, ritiene il De Felice ed altri coimputati complici necessarii all'eccitamento alla guerra civile suscitata in vari comuni dell'Isola, e con ciò non eccedette i limiti della competenza giurisdizionale di cui era investito, perché se la camera di consiglio ritenne i prevenuti autori o cooperatori del reato, esso aveva piena libertà di ritenerli invece complici e non mutava menomamente l'indole dell'accusa essendovi fra cooperazione e complicità sola differenza di grado.

Ma a tutte queste eccezioni presentate alla fine del dibattimento che in merito si son dimostrate infondate si può opporre pregiudizialmente le disposizioni dell'art. 635 Codice penale militare per la quale le *nullità o i vizi di forma* devono essere dalla difesa dichiarati tre giorni dopo la nomina del difensore con apposita cedola – altrimenti non si possono più opporre e si ritengono sanate. Disposizione questa fondamentale di ogni legge processuale ribadita poi nell'art. 447 dello stesso codice il quale ammette che quando le eccezioni sieno proposte in tempo, il Tribunale potrà deciderle anche in fine del dibattimento. Ed il tempo lo aveva avuto abbastanza la difesa, alla quale si accordò un termine oltre quello fissato dal citato art. 435 essendo avvenuta la sua nomina il 27 marzo p.p. per l'udienza del 7 aprile successivo come da note di pari data N. 825, 826, 827.

Nemmeno può esser presa in considerazione l'altra eccezione della difesa relativamente alla rettifica dell'accusa fatta dal P.M. sullo scopo della cospirazione e pell'applicazione dell'art. 120 anziché 118 perché l'ordinanza della Camera di Consiglio riporta tutti e due i detti articoli e il Tribunale uniformandosi all'autorizzazione della Camera dei Deputati ritiene il De Felice e i compagni responsabili della cospirazione col fine dell'art. 120 soltanto.

Dopo le precedenti considerazioni d'indole generale passando allo esame delle responsabilità singole degli accusati, il Tribunale si è convinto che l'accusa di cospirazione è rimasta pienamente provata a carico di De Felice, di Benzi e di Petrina. E difatti è necessario por mente ai rapporti intimi esistenti fra costoro ed il notissimo rivoluzionario Amilcare Cipriani. Questi rapporti che del resto sono esplicitamente ammessi dagli accusati sono provati dalla corrispondenza sequestrata, la quale ne rivela troppo manifestamente la natura. Che cosa volevano costoro – quale era il loro ideale, quale era il fine occulto che si proponevano di raggiungere? Lo dice Cipriani nelle sue lettere a Petrina, a De Felice, ed a Benzi, era la rivoluzione, la insurrezione generale.
Ne abbiamo la prima prova fin dall'anno 1888, quando Cipriani scriveva a Petrina: «A Messina, tu dici si è pronti a tutto, meno che a fare parole e regolamenti, società, riunioni pubbliche e semi pubbliche e sta benissimo. Io pure sono nemico acerrimo di coteste bazzecole. Uomo serio e nemico implacabile di tutti i nemici del popolo, non rifuggo però da serie organizzazioni, però gli eserciti che ci stanno di fronte non si vincono con delle chiacchiere ed ancor meno coll'avventargli contro una mandra di leoni, se i Messinesi sono tali, se di leoni si compone *l'Esercito pronto a tutto* di cui mi parli. Non so e sarei ben vago di saperlo, chi mai ti ha detto che coloro che mi attorniano sono degli ideologhi. Non so davvero se possono chiamarsi tali, uomini che si accingono a lottare e lottare disperatissimamente contro coloro che attivissimamente stanno aguzzando le armi contro di noi. È tempo adunque di *unirci, di organizzarci, d'armarci e di combattere* se non vogliamo essere la preda dei forti, e son tali soltanto coloro che sapranno brandire un ferro».

E Petrina rispondeva alle lettere di Cipriani manifestando le sue idee perfettamente conformi a quelle di costui e riusciva a mantenere col medesimo un'attiva corrispondenza anche stando in carcere. Infatti le lettere di Cipriani rivelano il contenuto della risposta di Petrina e sono tutte ispirate allo stesso concetto della organizzazione per la rivoluzione.
Cipriani in data 10 giugno 1890 gli scrive: «Si può anche essere utile stando in carcere il quale ritempra. Quello che avevi *ideato* lo farai con più successo quando sortirai. Intanto io coi miei amici facciamo per te e tu verrai presto ad ajutarci. Tu presto sarai ridonato alla libertà, alla rivoluzione che sta maturandosi e che tanto abbisogna di uomini come te».
Più tardi in data del 17 ottobre 1890 così gli risponde: «Hai ragione che la Sicilia è terra propizia per un moto popolare. Tanto vero che noi da qualche tempo l'abbiamo scelta per un moto che dovrebbe avere luogo il prossimo primo di maggio. Peccato che tu sia prigioniero; ma se il 1° maggio non si effettuerà quello che ti dico, tu sortirai in tempo per la seconda data che fisseremo. Bisogna contrapporre un moto rivoluzionario alle mene mistificatrici dei democratici e dei radicali, che si agitano per delle evoluzioni politiche, mentre noi vogliamo delle trasformazioni economiche e sociali colla *rivoluzione*».
La idea rivoluzionaria di Cipriani concretata in una vera e propria cospirazione si manifesta ancora chiarissimamente nella lunga e gravissima corrispondenza col De Felice.
Egli in data 2 aprile 1891 gli scrive da Napoli dopo un viaggio fatto in Sicilia: «Caro Peppino – qui ho trovato un elemento buonissimo, e se non così numeroso come nella tua Catania, certamente altrettanto disposto sempre più alla lotta: ma *more solito* alla lotta senza un

fucile, senza un centesimo, senza nessuna prima preparazione. Dunque anche qui farò di tutto per impedire sacrifizii inutili: rivolte che non gioverebbero che ai nostri nemici, e che ci farebbero perdere il tempo guadagnato e quello che stiamo per guadagnare. Oggi a mezzogiorno ci riuniamo in privato e decidiamo. Prevedo che dovrò lottare, perché ve ne sono due o tre che vogliono farsi ammazzare ad ogni costo».

Il 12 aprile dello stesso anno sempre da Napoli Cipriani scrive a De Felice: «Fammi sapere tue nuove a Roma, sempre entro doppia busta per *Amilcare*. Qui giunsi il 10 corrente. Oggi dovevamo tenere un comizio in piazza del Mercato, ma la polizia lo impedì e non vi è più modo di far nulla perché il 15 parto per Roma. Eppoi Napoli non è Catania e a Napoli *non vi è un De Felice*. Apatia, ignoranza, accasciamento, molte parole, pochi fatti. Basta, io non dispero e a Napoli vi tornerò perché vi è qualche cosa da fare. Il 1° maggio, se non sono ingannato dalle apparenze sarà più vibrato. All'erta e sappiati regolare. Dalla Sicilia ho portate buonissime, eccellentissime impressioni che non dimenticherò mai. Se un giorno mi deciderò a morire sarò fra voi; è la Sicilia che sceglierò se altrove non troverò di finire la mia vita degnamente. Non perdiamoci di coraggio; avanti sempre e tenacissimamente: l'avvenire è nostro... Cessa in questo momento la riunione. Fu deciso che accelererò il viaggio, che andrò nel continente, che l'informerò minutamente di tutto e poi si decideranno. Questo lo farò anche con te e coi tuoi compagni, perciò ti prego di mantenere vivo il *sentimento della lotta*, perché questa potrebbe aver luogo presto. Ma come dissi sempre o *la Sicilia* si solleva ad un moto del continente o questo risponde a quello della Sicilia».

Si giunge al 1893 ed in tutto questo periodo di tempo l'opera del De Felice si è sviluppata ed è quasi compiuta. Egli ha coperto la Sicilia di fasci, poiché ne fu il principale promotore ed organizzatore. E ciò risulta da tutte le pagine del processo e dalle stesse ammissioni di lui. Questi fasci colmavano il vuoto a cui accennava Cipriani poiché erano la preparazione ed uno dei mezzi determinati concorrenti a raggiungere l'intento.

È bene a questo punto di riportare alcune delle lettere del Cipriani dell'ultimo periodo.

Lettera di Cipriani a De Felice del 27 settembre 1893: «Mio buono ed ottimo De Felice – mi affretto a riscontrare alla cortese tua del 24 corrente che ricevo all'istante stesso, onde assicurarti che giunse a buon punto. Bravo, bravo mio buon amico della tua condotta energica e prettamente rivoluzionaria. Così va bene. Tu sei il solo deputato che faccia il suo dovere e se tutti quelli che ti precedettero avessero fatto quello che fai tu, l'astensione non esisterebbe. Sì amico, se tu continui come hai cominciato certamente farai qualche cosa di grande, di serio, di duraturo, di utile per la classe che lavora, produce e soffre. Avanti, amico, l'avvenire, la gloria, l'immortalità è degli audaci. La frase *la Sicilia è in fiamme* mi ha messo l'inferno addosso. Inutile che aggiunga che ad un tuo cenno volerò ove vi sarà da combattere e tu ottimo amico mio non mancherai di informarmi di tutto, come su di te sai?... Indicami il luogo ove desideri che c'incontriamo per affiatarci, ed io mi venderò la camicia per rendermi allo appuntamento. In attesa del cenno tuo fa' come consigli nella tua lettera d'evitare guai inopportuni, le generali impazienze, le manifestazioni intempestive. Dal canto mio oggi stesso mi metto all'opera e scrivo in Romagna e dappertutto ove ho amici fidati, esortandoli a tenersi pronti ed attendere gli eventi. Dimmi qualche cosa di Gulì».

E il 6 settembre 1893: «Caro De Felice. Io, si capisce che debbo essere io quello che scrive, che da delle notizie, senza sperare di ottenerne, d'avere da te un rigo di risposta. Eppure scrivi. Temeresti forse di compromettertì facendolo con me? Sai tu che io lacero tutte le lettere che ricevo, tanto vero che in tutti i processi che mi hanno atto, nessuno vi è stato coinvolto per colpa mia per lettere trovate presso di me. Dacché sei deputato ti seguo, ti osservo, approvo, lodo e plaudo. Bravo, almeno sai ti fai vedere e sentire. Fa' di non imitare quei meschini settari che a Zurigo si comportarono sì poco da socialisti, da internazionalisti che pretendono trasformare il mondo strisciando come lumache. Ignorano che il mondo fu ed è asservito alla forza ed è con questa che deve svincolarsene. È la *rivoluzione* che ci diede quello che abbiamo; è la *rivoluzione* che ci darà quello che ci manca; ed è alla rivoluzione che dobbiamo accingerci, preparare ed educare le masse che istintivamente per fame, per sete di libertà sono rivoluzionarie. La Sicilia va bene. Se mai farai o tenterai qualche cosa spero penserai a me. Tu ne sarai informato e me ne informerai certo ed è per questo che ti mando un indirizzo segretissimo».

Le cose incalzano e Cipriani e De Felice sentono che la corrispondenza epistolare non è più sufficiente alla manifestazione delle loro idee e stabiliscono di abboccarsi e si danno un convegno a Marsiglia che effettivamente ha luogo come risulta da altre lettere di Cipriani e come è ammesso dallo stesso De Felice che ha dovuto finire per confessare che questo convegno ebbe uno scopo politico, mentre dapprima voleva far credere che avesse uno scopo puramente letterario.

Di questo convegno e del suo vero scopo è a parte il Benzi che da Bologna ne scrive a De Felice colla seguente lettera in data 8 dicembre 1893: «Ottimo De Felice. Alla tua C.P. del 4 andante. Comunicai al Domenico quanto mi hai scritto. Ieri sera si approvò lo statuto del fascio dei lavoratori di Bologna; si deliberò inaugurarlo domenica 10 andante. Le adesioni oltrepassano le 150; nota che questo è sempre lavoro preparatorio; siamo certi che aumenteranno di molto i nostri ranghi. Nel fascio vi sono anarchici, collettivisti, socialisti etc. purché accettino, ad esclusione dei socialisti autoritari, che non li vogliamo fra i piedi, ritenendoli i peggiori nemici. Ti dissi noi non aderimmo mai alla camorra milanese. Il 27° Reggimento di stanza qui ha avuto ordine di partire per la Sicilia per motivi di sicurezza pubblica. *La reazione si avanza, sarebbe tradimento non farci trovare pronti a respingerla colla forza.* Amilcare mi scrive che anche in Romagna si è messo d'accordo con Girondini Claudio e Nabruzzi Ludovico per formare i fasci romagnoli. Mi dice che scrive dappertutto acciocché si assecondi il movimento rivoluzionario della Sicilia e federando i fasci in una Lega d'azione. Egli mi fa sapere che ti ha dato appuntamento a Marsiglia pel 15. Se non gli scrivi prima, il 14 parte. In tutta segretezza avvisa Bosco che non si fidi tanto di comunicare cose e fatti a Belelli, non perché sia una spia, ma perché è alcoolizzato ed un degenerato e potrebbe nuocere involontariamente, ed anche perché non ha nessuna simpatia: questo in tutta confidenza. Dovendo comunicare colla Sicilia e mettermi d'accordo, mi è necessario avere gli *indirizzi occulti* per non perdere tempo... Amilcare è pronto venire in Sicilia, dipenderà dal tuo colloquio; esso ha ancora pochi giorni per levarsi la sorveglianza speciale... Oggi a Ravenna c'è una riunione di tutti i rappresentanti della Regione per mettersi d'accordo. Speriamo che i buoni anarchici si troveranno e non ostacoleranno il *movimento.* Noi qui, tranne di qualche mascalzone, siamo tutti entrati nel fascio. Il tempo delle chiacchiere, delle cabale è finito, inauguriamo quello dei fatti».

Si ha anche il cifrario che insieme agli altri documenti è stato sequestrato a Roma e che De Felice ha riconosciuto come suo, dopo che lo aveva impugnato, che costituisce una prova ben grave per quanto il De Felice siasi studiato di attenuarla dicendo che non ne aveva fatto uso. Egli stesso però col telegramma che fece spedire alla signora Antonietta Vergelli dimostrò la importanza che attribuiva a questo, insieme agli altri documenti. E al Tribunale ha fatto grave impressione il cifrario non solamente per la specie delle parole cifrate che alludono tutte ad un movimento insurrezionale ed a persone di una grande notorietà rivoluzionaria, ma anche perché esso è la prova provata che il progetto era uscito dalle forme nebulose ed era veramente concretato e stabilito. E non vale l'osservazione che altre copie del detto cifrario non si siano perquisite perché potrebbero essere state o in tempo distrutte, oppure così bene nascoste da non essere reperite.
Si ha dunque che Cipriani, De Felice, Benzi e Petrina erano perfettamente d'accordo in un fine rivoluzionario, nei mezzi che dovranno servire per l'attuazione di questo fine che erano l'organizzazione dei fasci. Si hanno quindi a loro carico tutti gli estremi del delitto di cospirazione.
Il Tribunale per quanto riguarda gli altri imputati, ha considerato per questo primo capo d'accusa che non sono emerse nel dibattimento prove assolutamente sicure e tranquillanti per ritenerli consapevoli e conniventi dei segreti propositi di De Felice e degli altri di cui sopra è cenno.
Alcuni di essi, come si vedrà in seguito presero parte attivissima al movimento e devono rispondere dell'altro reato; ma non si è provato sufficientemente che fossero ispirati dallo stesso fine politico che ispirava il De Felice, Benzi e Petrina.

In ordine al 2° capo d'accusa il Tribunale ha considerato che le prove emerse al dibattimento sono completamente sufficienti a stabilire la colpabilità di De Felice, Montalto, Bosco, Barbato, Verro e Pico.
È innegabile infatti che il rendersi ligie delle forti masse di gente fosse uno dei mezzi che De Felice doveva per primo cercare e si avvalse del disagio economico, delle cattive amministrazioni locali e dell'istintivo odio dei lavoratori per coloro che procurando ad essi del lavoro loro danno il pane, sebbene non sempre abbondante, ma pur sempre sufficiente per sfamarsi, per riunire sotto la sua mano ferrea tutti i lavoratori della Sicilia per prepararli poco per volta a quel cambiamento che in un dato momento egli avrebbe comandato e che brutalmente e violentemente doveva prodursi.
Costituì perciò d'accordo e per opera degli altri imputati i fasci dei lavoratori collo apparente scopo della educazione morale, della istruzione, della cooperazione e del miglioramento economico. Lo scopo era apparente e diffatti se così non fosse quale bisogno avevano gli accusati di formare i fasci, quando potevano benissimo avvalersi delle già esistenti società operaie per attuare tutti i loro filantropici scopi a vantaggio dei lavoratori, per esplicare tutta la loro attività a pro del benessere dei diseredati? Ma no, queste associazioni operaje che già esistevano a scopi filantropici ed umanitari avevano dei capi proprii che non si sarebbero sottoposti a chi voleva averli tutti soggetti; queste società erano enti che non riconoscevano la loro esistenza dal volere degli odierni imputati e non potevano ad essi rendersi interamente ligie; non erano quindi quelle masse non razionanti e fanatiche che ad un dato momento potessero ubbidire ciecamente ai loro capi.

Occorrevano quindi degli enti nuovi, interamente devoti ai loro capi ed ispiratori, e si creavano i fasci dei lavoratori, pur non sprezzando, quando l'occasione se ne mostrava propizia, di attirar nella loro orbita le già esistenti società operaje, sia per ingrossare i fasci, sia per sgombrare il terreno da altri enti costituiti, che al momento opportuno avrebbero potuto essere uno intoppo per la liberazione dei fasci.
Non era però facile l'indurre il sospettoso lavoratore siciliano ad arruolarsi in questo nuovo esercito che si voleva formare; occorreva dimostrargli fino all'evidenza il vantaggio reale e non lontano che questa nuova organizzazione potesse ad essi apportare; e fu perciò che accanto alle scuole in progetto e non mai attuate, accanto alle cooperative di consumo sempre in sogno, si videro gli ajuti dei medici e di medicinali; si videro soccorsi pecuniarii in caso di malattia o di carcerazione; si videro le spese antecipate per la tumulazione dei defunti e si predicò l'abolizione delle tasse che maggiormente gravavano sui lavoratori, la collettività delle terre che dall'ignoranza dei lavoratori doveva intendersi per divisione delle terre, l'aumentata mercede ai lavoratori, l'aspirazione a conseguire l'amministrazione dei comuni mediante le lotte elettorali, ed infine, vantaggio immediato, l'organizzazione di taluni scioperi che non potevano senza grave danno dei proprietarii lasciarsi perdurare e dai capi in breve tempo composti con lieve vantaggio materiale dei lavoratori sì, ma col grande vantaggio morale per i capi stessi di farsi credere onnipotenti dai lavoratori e di far credere a questi che realmente sarebbero in poco tempo diventati padroni invincibili.
E che lo scopo della educazione, della istruzione, della cooperazione e del miglioramento economico non fosse il vero scopo dei fasci lo dimostra anche all'evidenza il fatto che tranne nelle città importanti e nei

grossi centri dove erano a capo dei fasci persone istruite ed intelligenti che realmente avrebbero potuto attuare quello scopo in quasi tutti gli altri centri i presidenti dei fasci erano ignoranti lavoratori che non sapevano né leggere, né scrivere, e che non avevano alcuna qualità personale per attuare quegli scopi, ma altro non erano che capi facinorosi, che attorno a loro tenevano stretti i poveri lavoratori lusingandoli col ripetere ad essi, e molte volte svisate, le promesse dei capi dirigenti tenendoli uniti.
Premesse queste considerazioni riferibili agli imputati responsabili del succitato reato e venendo ora ad esaminare partitamente il grado di colpabilità di ciascuno di essi, chiaro emerge quanto segue: *De Felice* oltre ad essere l'anima della cospirazione, per la grande influenza conferitagli dalla sua posizione di deputato al Parlamento esercitava sulle masse un ascendente tale da eccitarle alla rivolta come lo provano i numerosi discorsi da lui tenuti di cui si accennano i principali, la cui impressione sulle masse venne confermata nel dibattimento sia dai giornali che li riportarono, sia dai testimoni che li presenziarono. Così a Catania nel Teatro Nazionale, in cui ai 2.000 circa intervenuti, fece capire che il benessere non si poteva ottenere che colla rivoluzione; fece risalire alle istituzioni borghesi le cause del disagio generale, e dichiarò che tutti i mezzi erano esauriti, e non restava che far voti perché fosse presto sorta l'alba della rivendicazione del proletariato; che si tenessero pronti ed uniti; che la Sicilia era in fiamme, e che al movimento iniziato non avrebbe tardato ad unirsi il continente.
A Nicolosi, a Pedara, a Zafferana, a Trecastagni, a Lentini, a Francofonte, fece pure discorsi eccitanti all'odio di classe e conseguentemente alla guerra civile, opportunamente accennando a sfruttati e sfruttato-

ri, raccomandando ovunque di tenersi uniti e compatti per le battaglie future, come ebbe a dire a Catenanuova, dove fra le altre cose disse, che l'alba novella sarebbe presto spuntata, e che era vicina pei lavoratori l'ora della vittoria, che né Fanteria, né Cavalleria, né Carabinieri potevano impedire.
Fece anche discorsi a Grotte e a Casteltermini accennando sempre alla rivoluzione, ed in quest'ultima ebbe a dire: «Io non conosco in Italia altra associazione di malfattori se non quella del Governo», e richiamato all'ordine dal delegato di P.S. che presenziava aggiunse che l'operato del Governo era iniquo, ladro, corrotto e corruttore, che la borghesia era sfruttatrice e che ciò che essi non potevano ottenere colle buone, lo avrebbero preso colla forza, aggiungendo dopo una nuova interruzione del delegato di P.S. «per ora siamo calmi ma di quella calma dei forti, domani suoneremo le campane al grido della Vittoria», e che se il Governo avesse voluto sciogliere i fasci dei lavoratori, occorreva farsi piuttosto ammazzare che recedere.
Alla stazione di Acquaviva Platani alla molta gente accorsa De Felice disse: *A rivederci presto ed all'occorrenza coi fucili alle mani.*
Oltre di questi paesi dove tenne discorsi, la sua attiva presenza si fa notare ancora, a S. Giuseppe Jato ed a Caltanissetta.
Così predisposte le cose, egli all'apertura del Parlamento recavasi a Roma, donde ritornò a Palermo alla fine di dicembre dopo che già erano incominciati i tumulti intempestivi, ed ebbe a scrivere il 1° gennaio una lettera alla Vergelli nella quale fra le altre frasi si notano: «Bando alla paura. Essere al principio della fine, che Dio lo voglia», frasi che manifestamente accennano di completare il già iniziato movimento per raggiungere i suoi reconditi ideali.

Bosco, Barbato e Verro incontestabilmente amici del De Felice oltre di aver formato i fasci di Palermo, Piana dei Greci, e Corleone e di esserne i presidenti facevano parte del comitato centrale, quali rappresentanti della provincia di Palermo, e ne costituivano la commissione esecutiva.
Con questa loro qualità, essi sia uniti che isolatamente, percorsero tutta la provincia di Palermo, e qualche altro paese. Ove formarono fasci, o ne inaugurarono col battesimo il vessillo, portandovi dappertutto la loro parola calda ed insinuante in forma di propaganda sovversiva. Essi presero parte attiva al congresso di Palermo del maggio '93 dove si stabilì la rivoluzione, tornarono a riunirsi nel novembre '93 e firmarono il Manifesto del gennaio '94.
Bosco andò al congresso di Reggio Emilia dove pel primo fu eletto presidente, fece un discorso eminentemente rivoluzionario accennando alla sfida lanciata dal Governo ai lavoratori siciliani e da questi accettata; aggiungendo che sarebbe stata una lotta, una tragica lotta, un'ecatombe, e che se la Sicilia doveva cadere sarebbe caduta avvolta nella bandiera rossa: disse che la lotta di classe in Sicilia era essenzialmente rivoluzionaria, disse che si dovevano presentare leggi e proposte che i borghesi non avrebbero accettate; ed infine chiede all'assemblea l'interessamento per il moto socialista della Regione che rappresentava, rammentando che la Sicilia è in fiamme e non aspetta che lo appoggio degli altri socialisti d'Italia. In una conferenza tenuta dopo i fatti di Giardinello incitava all'odio contro il Governo che dava il piombo a chi reclamava contro lo sgravio delle tasse.
In una lettera a certo Domenico a Bologna gli dice: «Noi abbiamo una missione da compiere, abbattere la borghesia», ed è in questa lettera che nomina un certo Belelli del quale poi il Benzi ebbe a scrivere al De Felice che lo

esortasse a diffidarne. Egli accompagnò De Felice a Casteltermini ed a Grotte, e dalla lettera del Pico al De Felice risulta che egli fosse d'accordo a far presto.
Barbato nel suo interrogatorio si dichiara rivoluzionario e come tale si afferma nella lettera scritta a Vassallo in cui dice: «Si sciolgano pure i fasci, si arrestino in massa; in questo momento le altre province d'Italia non seguirebbero la Sicilia nella insurrezione armata: quindi calma e prudenza. Usciti dal carcere il popolo siciliano ci seguirà a congiurare nelle grotte contro il decrepito ed infame mondo borghese». Il 17 settembre in una riunione del fascio di Palermo si dichiarò d'accordo col Bosco; rievocò tradizioni storiche rivoluzionarie del popolo siciliano e parlò in senso violento rivoluzionario. A Belmonte, a S. Giuseppe Jato, a Santa Caterina Gela, a San Cipirello, la sua azione fu costante ed attiva.
Verro ha fatto propaganda sovversiva a Mezzojuso, Balestrate, Castronovo. Fu a Prizzi ove raccomandò la calma ai contadini soggiungendo che bisognava tenersi compatti per il momento opportuno che non sarebbe stato lontano ed allora si dovevano tagliare i fili telegrafici, e distruggere ove vi fossero le ferrovie. Fu a Lercara ove promosse i luttuosi fatti che ebbero a deplorarsi il 24 dicembre, ed a Corleone tenne un consiglio nel quale fu notato un ordine del giorno sovversivo e pericoloso per la pubblica quiete. Promosse parecchi scioperi e fu colui che stabilì i patti agricoli di Corleone talmente onerosi per i proprietari che non ebbero pratica applicazione se non modificati.
Montalto amico di De Felice oltre di aver formato il fascio di Trapani e di esserne il presidente fece parte del Comitato centrale quale rappresentante della Provincia di Trapani, e trasmetteva tutte le deliberazioni di questo al noto socialista Curatolo, suo amico che li tramutava in atto, in tutti i paesi della provincia Trapanese,

per cui fu sottoposto a penale procedimento, e condannato. La sua estesa corrispondenza sequestratagli ci dà la giusta misura della sua colpabilità nei fatti a lui addebitati. Invero in una delle sue numerose lettere al farmacista Curatolo dandogli conto della riunione tenutasi in maggio così si esprime: «Non siamo d'accordo: se lei fosse stato presente avrebbe visto che della parola rivoluzione si è abusato». Scriveva ad un certo Miceli presidente del fascio di San Vito raccomandando di aggirarsi per le campagne e far propaganda per prendere d'assalto la Rocca del Monte. È rimasto assodato che la sua opera fu feconda giacché venne sequestrato uno scritto, in cui il Miceli esponeva il progetto delle dimostrazioni che si intendevano fare allo scopo determinato.
Pico attratto nell'orbita di De Felice esplicò la sua azione sul fascio di Francofonte, fu suo emissario in Palermo, per assicurarsi del concerto del Bosco e degli altri membri più influenti del partito all'azione rivoluzionaria imminente che il De Felice voleva esplicare nell'isola come risulta dalla sua lettera del 1° dicembre '93.
Nei riguardi di Cassisa, Ciralli e Gulì il Tribunale non ha riscontrato sufficienti prove di reità, non risultando dalle prove a loro carico raccolte, che si siano resi in qualsiasi modo complici del delitto di eccitamento alla guerra civile.
Il Tribunale nel determinare le pene da infliggersi a ciascun imputato credette giusto ed equo di attenersi ad una misura varia, nei limiti della legge, secondo la maggiore o minore intensità della singola partecipazione ai reati. In conseguenza di questo criterio il Tribunale ha creduto di dover applicare una pena maggiore al De Felice Giuffrida, la cui azione delittuosa nelle due imputazioni che gli vengono attribuite apparisce più energica, più estesa, più grave. Ha quindi determinato di calcolare la pena di 16 anni di reclusione pel delitto di concor-

so necessario nello eccitamento alla guerra civile, alle devastazioni ed al saccheggio; con effetto in parte conseguito – art. 64-292 C.P. e quella di sei anni di detenzione per la cospirazione – art. 134-120 C.P. dalle quali due pene per l'art. 69 detto Codice si ha la risultante complessiva di anni diciotto di reclusione, dovendosi ridurre al terzo la detenzione e cumularla con la reclusione; con le conseguenze della interdizione perpetua dai pubblici uffizii, dello interdetto legale durante la pena con decadenza dalla carica di deputato al parlamento Nazionale giusti gli articoli 31-33-20-34 del Codice penale.
Quanto al Petrina Nicolò e Benzi Gaetano ritenuti responsabili soltanto di cospirazione, il Tribunale ha determinato la pena in tre anni di detenzione pel primo e due pel secondo.
Il Tribunale ha creduto che alquanto meno grave di quella del De Felice sia stata l'opera delittuosa di Bosco, Verro e Barbato ed ha stabilito la misura della pena per ciascuno di costoro per l'unico delitto di cui vengono ritenuti colpevoli a 12 anni di reclusione per ciascuno osservando quanto al Verro che questa pena deve essere compenetrata in quella maggiore che gli è stata inflitta pei fatti di Lercara, per una responsabilità penale consimile a quella che ora gli viene attribuita. Il Tribunale ha creduto ancora di infliggere la pena minima a Giacomo Montalto fissata in anni 10 ed a Pico Antonino che fissa in anni 5 di reclusione, perché responsabile quest'ultimo di complicità non necessaria, sempre per tutti con le conseguenze legali della interdizione dai pubblici ufficii a norma dei citati articoli 31 e 33 del Codice penale; perpetua per Bosco, Verro, Barbato e Montalto e temporanea per Pico. Per ciò che riguarda le due speciali imputazioni fatte a De Felice pel discorso tenuto a Casteltermini ed a Verro pel discorso tenuto a Prizzi, il Tribunale osserva che esse non

sono altro che uno degli elementi costitutivi del reato previsto dall'art. 252 di cui sono tenuti rispettivamente responsabili e quindi per detti reati non è il caso di pronunziare alcuna penalità speciale.
A norma degli articoli 28 e 42 del detto codice riferibili alla sorveglianza speciale il Tribunale ha creduto di aggiungere alle pene principali anche quella della sottoposizione della vigilanza speciale all'autorità di P.S.
Il Tribunale infine osserva che tutte le carte e documenti che hanno servito di base al processo e che sono in esso specificamente menzionati debbano venire confiscati, potendosi restituire tutte le altre e gli altri oggetti sequestrati a chi di ragione.
Che il sequestro del denaro del Bosco e compagni deve continuare a garanzia delle spese, le quali debbono essere pagate dai condannati che sono anche tenuti all'emenda dei danni.

per questi motivi

Visti gli articoli 252-64-134-120-77-69-31-33-34-39-20-36 Codice penale comune, 485 C.P. per l'esercito, 562 569 e 613 codice di procedura penale,
1. Dichiara non provata la reità di Cassisa Francesco, Ciralli Francesco e Gulì Emanuele per entrambe le imputazioni ad essi ascritte e li assolve, mandandoli escarcerare se non sono per altra causa detenuti.
2. Dichiara non provata la reità di Petrina Nicola e Benzi Gaetano per la imputazione di concorso nello eccitamento alla guerra civile e per questo titolo li assolve.
3. Dichiara non provata la reità di Bosco Garibaldi Rosario, Bernardino Verro, Nicolò Barbato, Giacomo Montalto ed Antonino Pico nel delitto di cospirazione per far sorgere in armi gli abitanti del Regno contro i poteri dello Stato e per questo titolo li assolve.

4. Dichiara colpevoli Petrina Nicolò, Benzi Gaetano e De Felice Giuffrida Giuseppe del delitto di cospirazione per far sorgere in armi gli abitanti del Regno contro i poteri dello Stato ai sensi degli articoli 134-120 C.P., reato avvenuto in Sicilia, nel Continente ed altrove dal 1888 finoggi e

condanna

Petrina Nicola a tre anni di detenzione; Benzi Gaetano a due anni; De Felice Giuffrida Giuseppe a sei anni della stessa pena.

5. Dichiara colpevole De Felice Giuseppe, Bosco Garibaldi, Barbato Nicolò, Verro Bernardino, Montalto Giacomo di concorso come complici necessarii nel delitto di eccitamento alla guerra civile, alla devastazione ed al saccheggio, con l'intento in parte conseguito, ai sensi degli articoli 64, 252 Codice penale. Reato avvenuto in Sicilia dal 1891 fino al gennaio 1894 e

condanna per questo titolo

De Felice Giuffrida Giuseppe a 16 anni di reclusione, Bosco Garibaldi Rosario, Verro Bernardino, Barbato Nicolò a 12 anni e Montalto Giacomo a 10 anni della detta pena con la conseguente interdizione perpetua dai pubblici uffizii, dichiarandoli in istato di interdetto legale durante la espiazione della pena, sottoponendo il De Felice a 3 anni di sorveglianza speciale della P.S., il Bosco, Barbato e Verro a due anni di detta sorveglianza, ed il Montalto ad un anno della medesima.

Dichiara colpevole Pico Antonino di concorso come complice non necessario nel delitto di eccitamento alla guerra civile, alla devastazione ed al saccheggio con l'intento in parte conseguito ai sensi degli articoli 64, 252 C.P. Reato avvenuto in Sicilia dal 1891 fino al gennaio 1894 e lo condanna a cinque anni di reclusione con la conseguente interdizione dai pubblici uffici per una durata pari a quella della pena e con un anno di sorveglianza della P.S.

Dichiara cumulate le due pene concorrenti di 16 anni di reclusione e 6 anni di detenzione inflitte a De Felice Giuffrida Giuseppe a norma dello art. 77 C.P. nella pena unica di 18 anni di reclusione.
Dichiara la pena di 12 anni di reclusione inflitta a Verro Bernardino compenetrata in quella di 16 anni di reclusione alla quale il medesimo è stato già condannato pei fatti di Lercara con sentenza di questo stesso Tribunale in data del 16 marzo corrente anno;

ordina

la confisca di tutte le carte e documenti che sono stati menzionati nelle requisitorie scritte, nella ordinanza della camera di consiglio e nel pubblico dibattimento – e la restituzione a chi spetta di tutte le altre carte ed oggetti sequestrati;

ordina

la continuazione del sequestro sul denaro sequestrato a Bosco Garibaldi Rosario, a Verro Bernardino, a Barbato Nicolò a cautela dei danni e delle spese giudiziarie;

condanna

solidalmente tutti gli imputati meno Cassisa, Ciralli e Gulì alle spese del processo, non che ai danni verso chi di ragione.

Così pronunciato e deciso oggi in Palermo, trenta maggio milleottocentonovantaquattro.
Giussani – Bianchi – Borgna – De Banyn – Minneci – Innocenti – Mangiardi Felice segretario.

Visto per la esecuzione.

Palermo, 30 maggio 1894
Il Tenente Generale Comandante il XII Corpo d'Armata Regio Commissario Straordinario
R. Morra

X
Narrazione e insurrezione

«E non è un caso che agli avvenimenti che vanno sotto il nome dei Fasci siciliani siano contemporaneamente l'irradiarsi di "virtù creative", le "costruzioni originali", le "forme di realtà umana" delle opere di Verga Capuana De Roberto Pirandello: opere che noi diciamo *siciliane*, in quanto esprimono, con durevole e universale significato, sentimenti pensieri preferenze e incapacità peculiari all'uomo siciliano».

LEONARDO SCIASCIA, *Pirandello e la Sicilia*

I vecchi e i giovani *di Pirandello e i Fasci siciliani*

I vecchi e i giovani viene pubblicato nel 1913, per l'editore Treves di Milano. In realtà, il romanzo – «amarissimo e popoloso romanzo ov'è racchiuso il dramma della mia generazione», lo definì lo stesso Pirandello in una lettera a un amico – era in buona parte già uscito a puntate, come spesso accadeva, per il giornale «Rassegna contemporanea» tra il gennaio e il novembre 1909. L'edizione del 1913 risistema l'articolazione dei capitoli, rivede quanto era già stato pubblicato e lo completa. Ancora nel 1931, Pirandello deciderà di intervenire sul testo per una definitiva edizione per Mondadori, che poi è quella che leggiamo oggi.[23] In nessuna delle rivisitazioni Pirandello modifica l'impianto dei personaggi e l'intreccio tra i loro comportamenti e gli eventi e il suo sguardo.

Pirandello inizia a scrivere *I vecchi e i giovani* nel 1906, nel pieno della crisi zolfifera che colpisce la provincia di Girgenti dopo che la compagnia anglo-sicula (Anglo-Sicilian Sulphur Company, fondata dai Florio con capitale inglese, per arginare sui mercati lo zolfo americano) aveva rinunciato a rinnovare il con-

[23] Luigi Pirandello, *I vecchi e i giovani*, Mondadori, Milano, 1975.

tratto quinquennale. Sono passati poco più di dieci anni dalla «materia» del romanzo, che è l'esplosione del movimento dei Fasci siciliani tra il 1892 e il 1894, cioè tra l'inizio degli scioperi nelle campagne e nelle zolfare – una cosa nuova che mai si è veduta prima – e le stragi di contadini e popolani fino all'instaurazione dello stato d'assedio e la repressione di massa, con l'arresto di tutti i dirigenti dei Fasci e centinaia e centinaia di militanti;[24] lo stesso lasso di tempo che intercorre tra lo scandalo della Banca Romana e la crisi del giolittismo, con l'avvento al governo di Francesco Crispi. Dieci anni soltanto. Sembrerebbe perciò un po' azzardato definire «romanzo storico» *I vecchi e i giovani.* Qui non si tratta della rivolta degli schiavi di Euno o dei Vespri. Eppure. Non è solo una questione di distanza temporale dai fatti narrati. Per dire d'un altro romanzo, *I Viceré*, De Roberto – le vicende della famiglia Uzeda dal 1860 arrivano sino alla prima elezione a suffragio «universale» (maschio, alfabeta, che paga tasse per una cifra annua di 19,8 lire) del 1882 – comincia a scrivere nel 1892, dieci anni dopo perciò il previsto punto di arrivo della saga, e il romanzo viene pubblicato nel 1894; tra l'altro, attende alla scrittura proprio nell'arco delle lotte dei Fasci e della materia del romanzo di Pirandello. Ma mentre per De Roberto lo sbarco dei Mille del 1860 è il cuore e il filo di una vicenda che si è storicamente conclusa, per Pirandello è proprio nel ruolo «a parti rovesciate» del Risorgimento, e dei suoi uomini, che sta la materia narrativa. Non è solo

[24] Il generale Morra di Lavriano informa che furono esattamente 1.962, rispettivamente per le varie province: 667 per la provincia di Palermo, 361 per quella di Catania, 277 per la provincia di Trapani, 275 per quella di Girgenti, 174 per la provincia di Caltanissetta, 135 per la provincia di Messina, 73 per la provincia di Siracusa – in Roberto Morra di Lavriano, *Relazione sull'andamento dello stato d'assedio in Sicilia durante l'anno 1894*, «Archivio Nisseno», N. 3, luglio-dicembre 2008.

emblematico il personaggio di Francesco D'Atri, che ricalca proprio Francesco Crispi, e decide da primo ministro di porre lo stato d'assedio e il tribunale militare,[25] lui che gli stati d'assedio li aveva vissuti da patriota perseguitato, lui che aveva tuonato contro la legge Pica e i tribunali speciali; ma c'è Mauro Mortara, il personaggio del vecchio garibaldino tutto d'un pezzo, che fu costretto a rifugiarsi da esule a Malta e ormai vive una sorta di esilio in campagna, dove custodisce i ricordi del periodo eroico di speranze, a rappresentare il nodo delle contraddizioni di quel momento: ostile ai movimenti sociali, che considera un pericolo per l'unità della nazione – «Sbirro, vi giuro, andrei a farmi, vecchio come sono» –, fino a decidere di scendere in piazza con le sue pistolone per affrontarli, «armato come un brigante», finirà fucilato dall'esercito che lo scambia per un rivoltoso: ormai i soldati sparano a tutto ciò che è rosso, come il gonfalone dei Fasci e come la camicia indossata da Mortara. In questo stare dalla parte sbagliata, in questo morire dalla parte sbagliata, è tutta la problematicità del romanzo nei confronti del Risorgimento. Passando tra i cadaveri lasciati sulla strada, e rivoltando il corpo del vecchio sul cui petto scoprono le medaglie del suo valore, i soldati si chiedono: «Chi avevano ucciso?». Così si chiude il romanzo. Che forse è anche: «Cosa avevano ucciso?». L'epopea garibaldina è ormai solo un lontano ricordo, un vecchio patetico e fuor di cotenna, *disconosciuto*, almeno per

[25] Gramsci, nelle sue note dal carcere, sottolinea il «fanatismo unitario» di Crispi «che ha determinato una permanente atmosfera di sospetto contro tutto ciò che può arieggiare a separatismo» – citato in Massimo Ganci, *I Fasci dei Lavoratori (Saggi e documenti)*, Salvatore Sciascia Editore, Caltanissetta, 1977. Fu questo «fanatismo unitario» a convincere Crispi che i Fasci fossero parte di un complotto straniero (Francia, Russia) teso a minare l'unità d'Italia, avallando «prove» (il Trattato di Bisacquino o l'Appello al Vespro di Petralia Soprana), chiaramente «fabbricate» o inventate.

quei soldati. E possiamo credere che uguale disconoscimento fosse anche per buona parte dei lettori di quel primo Novecento: la modernizzazione dell'Italia s'era compiuta altrimenti. Per buona parte dei lettori, i «fatti di Sicilia» – l'insurrezione dei Fasci, la violenta repressione – sono ormai lontani; sono, per chi ne avesse voglia, solo «cronaca». Una consapevolezza di unicità e irripetibilità degli eventi, doveva invece avere Pirandello. Il suo sguardo però è spostato verso una nuova «storia», quella di un movimento sociale della terra e del lavoro che si affaccia e costringe tutto e tutti a ripensarsi. I due titoli, di De Roberto e Pirandello, vengono invece accostati con *Il Gattopardo* di Tomasi di Lampedusa in una sorta di trilogia della disillusione post-risorgimentale. Con superficialità, qualcuno direbbe oggi «anti-risorgimentale». Questa presenza del «poi» riguardo al «prima» (il 1860, la spedizione dei Mille, la cacciata dei Borbone, l'Unità d'Italia), dell'allora e dell'adesso, la frattura violenta benché racchiusa in un pugno d'anni di un'epoca, li comprenderebbe tutti e tre sotto la stessa categoria di «romanzo storico». Ma se a una «storia» appartiene – e non «a un'ipotesi di contro-storia, riscrivere la storia nazionale a partire dell'estremo sud della penisola»[26] –, la narrazione de *I vecchi e i giovani* è a quella dei movimenti sociali, delle insurrezioni del lavoro.

Il «romanzo storico risorgimentale»[27] fa la sua apparizione in Italia negli anni Venti dell'Ottocento, sollecitato dalla circolazione delle prime traduzioni dell'*Ivanhoe* di Walter Scott, e vive una stagione di straordinaria proliferazione che perdura fino ai primi anni Quaranta.

[26] Massimo Onofri, *Storia di Sciascia*, Laterza, Bari, 1994.
[27] Sergio Romagnoli, *Il romanzo storico*, in *Storia della letteratura italiana*, diretta da Emilio Cecchi e Natalino Sapegno, vol. VIII, Garzanti, Milano, 1968.

Si contano oltre cento titoli, un numero davvero impressionante, e accanto a autori e opere di buon livello – citiamo qui *La battaglia di Benevento* (1827) e *L'assedio di Firenze* (1836) di Francesco Domenico Guerrazzi, *Ettore Fieramosca* (1833) e *Niccolò de' Lapi, ovvero i Palleschi e i Piagnoni* (1841) di Massimo D'Azeglio, *Marco Visconti. Storia del Trecento cavata dalle cronache* (1834) di Tommaso Grossi, *Il Duca d'Atene* (1837) di Niccolò Tommaseo – e il cui punto più alto ovviamente è *I promessi sposi* (1827, poi 1840) di Alessandro Manzoni, altre opere sono meno riuscite, come *I prigionieri di Pizzighettone* o *La calata degli Ungheri in Italia*. Comunque, nel tessuto narrativo di tutti questi romanzi – oggi si sarebbe parlato di un «genere» dove il capolavoro di Manzoni contiene tutti i canoni e insieme ne fuoriesce –, il denominatore comune è la tensione politica e ideologica che sostiene la scrittura. Alla fine dell'Ottocento e ai primi del Novecento appare perciò, con De Roberto e Pirandello, e più tardi con Tomasi, il romanzo storico «post-risorgimentale». Un rovesciamento, rispetto ai primi anni del secolo: la tensione patriottica all'unità e alla libertà della nazione ha lasciato il posto al disincanto. Ai romanzi «italiani» succedono i romanzi «siciliani» – e la disillusione sembra tutta appartenere all'isola. Sembra soltanto, però: se pure a Capuana e Verga, come a tutti gli scrittori siciliani, pare mancare il sostegno della provvidenza manzoniana e qualsiasi idea di sorte progressiva, entrambi sono comunque solidamente risorgimentali, solidamente patriottici, solidamente unitari. Tra «unità» e «libertà» della nazione sembra però essersi creata una secessione letteraria e non territoriale, che ha proprio in Verga e nella novella *Libertà*[28] – in cui

[28] Giovanni Verga, *Novelle rusticane*, a cura di Giovanni Forni, Interlinea, Catania, 2016.

si narrano i fatti di Bronte e la repressione di Bixio, con cui Verga si schiera decisamente – la sua maggiore evidenza. La novella (del 1883, Verga aveva non solo la distanza storica dai fatti, ma all'arrivo di Garibaldi si era arruolato nella Guardia Nazionale dove restò per tre anni) termina così: «Il carbonaio, mentre tornavano a mettergli le manette, balbettava: Dove mi conducete? In galera? O perché? Se non ho avuto nemmeno un palmo di terra! Se avevano detto che c'era la libertà!». In qualche modo questo finale riecheggia in Giuseppe Cesare Abba, uno scrittore «italiano e patriottico» che nella sua *Vita di Bixio* (1905),[29] raccontando proprio i fatti di Bronte[30] scrisse: «Si parlava persino di divisione dei beni...». Ecco, questa cosa, la libertà della divisione delle terre – sebbene fosse il primo punto del proclama del 2 giugno di dittatura a Palermo di Garibaldi: «Con decreto dittatoriale è disposta la quotizzazione delle terre dei demani comunali tra coloro che si sono battuti per la patria e l'ereditarietà di tale diritto per i discendenti» –, proprio no. La secessione è narrativa, perciò politica, anche tra siciliani e siciliani, e attraversa le scritture del tempo, più che territoriale, cioè sto-

[29] Giuseppe Cesare Abba, *Vita di Nino Bixio*, Roux e Viarengo, Torino-Roma, 1905.

[30] Su Bronte, Sciascia: «"Io sarò in Bronte per la fucilazione e poi ci vedremo a Randazzo", scriveva Bixio al comandante Dezza: era l'8 di agosto del 1860. Il 6 era entrato in Bronte: l'8 già parlava di fucilazione, ancor prima che avesse inizio il processo; il 9, all'alba, raccomandava ai giudici celerità e severità e partiva per Regalbuto, a reprimervi la rivolta; nel primo pomeriggio dello stesso giorno tornava a Bronte "per la fucilazione", che venne stabilita, con un proclama affisso alle cantonate, per l'indomani alle 8 al piano di San Vito. Un garibaldino, il pavese Cantoni, raccontò poi, e l'Abba ne riferisce in *Da Quarto al Volturno*, che nel momento della fucilazione vide gli occhi di Bixio pieni di lacrime: ma forse velati di lacrime erano gli occhi del giovane studente di Pavia; è difficile pensare Bixio commosso, dopo aver letto questo suo biglietto in cui pare dia un appuntamento per dopo lo spettacolo»: Leonardo Sciascia, *I fatti di Bronte*, in *Pirandello e la Sicilia*, Salvatore Sciascia Editore, Caltanissetta, 1961.

rica, di una «nazione divisa». *I vecchi e i giovani* non era certo un romanzo «regionale». Ma quando appare, la letteratura nazionale è di poeticità muscolare: Pascoli ha parlato di «grande proletaria» che si è mossa e deve farsi spazio nel mondo, e D'Annunzio – che Pirandello detestava per quel suo «linguaggio delle parole» – ha da poco celebrato la conquista di Cirenaica e Tripolitania con *Le canzoni delle gesta d'Oltremare*. Verga, peraltro, si è iscritto al Partito nazionalista[31] e si schiera decisamente con l'impresa d'Africa: avevamo fame di terra e piuttosto che dividere quelle che c'erano qui doveva sembrargli più realistico andare a prendere quelle d'altrove. *I vecchi e i giovani* appare perciò davvero come un romanzo «spaesato»;[32] senza amor di patria, parla di cose che sembrano non interessare il paese in quel momento, in quel tempo. E non è questa, certo, una differenza regionale. Dopo i Fasci, la Sicilia – la divisione delle terre – non era più all'ordine del giorno, non era più «la» questione del paese.

In questo senso sembra intrigante ma poco convincente la definizione usata[33] per *I vecchi e i giovani* di «romanzo storico antistorico»: «con una semplificazione di comodo, si potrebbe sostenere che De Roberto, e dopo di lui Pirandello e Lampedusa, reiterano l'uso di una struttura rappresentativa di stampo tradizionale per

[31] «Nel 1920 un certo Messineo fondò (o voleva fondare?) un giornale "La Sicilia Nuova", "che intendeva propugnare l'autonomia siciliana"; invitò il Verga a collaborare e il Verga gli scrisse: "Sono italiano innanzi tutto e perciò non autonomista" (Questo episodio del giornale del Messineo deve essere accertato)»: Giuseppe Bottai, *Verga politico*, in *Studi verghiani*, a cura di Lina Perroni, Palermo, 1929, citato in Andrea Manganaro, *Verga "politico" tra Bottai e Gramsci*, «Annali della Fondazione Verga», 3, 2010, Catania.
[32] Gaetano Trombatore, *Pirandello e i fasci siciliani*, in *Riflessi letterari del Risorgimento in Sicilia: Studi sul secondo Ottocento*, Cappugi, Palermo, 1962.
[33] Vittorio Spinazzola, *Il romanzo antistorico*, Editori Riuniti, Roma, 1990.

capovolgerne la funzionalità intrinseca originaria... un genere letterario eminentemente borghese come il romanzo storico viene piegato al proposito di colpire a fondo la mentalità della borghesia».[34] La borghesia? Che c'entra la borghesia? La formula di romanzo storico antistorico andrebbe bene per *I Buddenbrook*, e la saga ci starebbe tutta: ascesa di una dinastia imprenditoriale insufflata di spirito protestante, che coltiva la ricchezza mondana come un valore ultraterreno, e al culmine del successo economico e del potere politico è corrosa dai dubbi etici sulla propria classe, fino alla caduta. Ma né gli Uzeda, né i Laurentano né i Salina sono i Buddenbrook: nessuno di loro coltiva spiriti protestanti, un'etica della produzione (e, se per quello, non danno segno neppure che a qualcuno di loro soggiaccia una qualche provvidenza se non la sopravvivenza del potere) e idee di progresso della storia. E non ci convincerebbe tanto neanche la formula usata da Sciascia (e in parte prima da Emilio Cecchi su «La Tribuna», all'apparire del romanzo in volume: «un'opera fondata su una materia fantastica più adatta a prestare motivi di arguzie, e di macchiette, che d'epopea»), che parlò di «romanzo storico senza senso della storia» se non quando spiegò meglio quel «senza senso della storia» e definì il romanzo fortemente «autobiografico e propriamente pirandelliano».[35] Autobiografico, io lo intenderei non tanto relativamente alle parentele di Pirandello i cui caratteri e le cui storie risorgimentali possono rintracciarsi tra i personaggi de *I vecchi e i giovani* – l'autore mandò le prime copie di stampa ai genitori per il cinquantesimo anniversario del loro matrimonio con

[34] Vittorio Spinazzola, *Federico De Roberto e il verismo*, Feltrinelli, Milano, 1961.
[35] Leonardo Sciascia, *Su «I vecchi e i giovani»*, in Corrado Dollo et al., *I Fasci siciliani. La crisi italiana di fine secolo*, volume secondo, De Donato, Bari, 1976.

una dedica: «Caterina e Stefano vivono da eroi» –, quanto all'autobiografia della Sicilia tra i Mille e il movimento operaio, una cosa che non si era mai veduta prima: una materia fantastica, propriamente. Sorprende perciò l'ottusità del giudizio che a caldo formulò Benedetto Croce: «Un senso di cose già molte volte viste e udite, e come logore e stanche». Cose molte volte viste e udite? Logore e stanche? Di che parla Croce? Movimento del lavoro e questione territoriale si combinarono in Sicilia con i Fasci come mai era accaduto prima e come mai sarebbe accaduto dopo. Questa fu l'epopea. È questo il nodo. Carlo Salinari, nel 1960, rivalutò il romanzo parlando di un triplice fallimento storico, del Risorgimento, dell'Unità, del socialismo: «Nel romanzo si ha acuta consapevolezza di tre fallimenti collettivi: quello del Risorgimento come moto generale di rinnovamento del nostro Paese, quello dell'unità come strumento di liberazione e di sviluppo delle zone più arretrate e in particolare della Sicilia e dell'Italia meridionale, quello del socialismo che avrebbe potuto essere la ripresa del movimento risorgimentale, e invece si era perduto nelle secche della irresponsabile leggerezza dei dirigenti e della ignoranza e arretratezza delle masse».[36] Per quanto il giudizio critico sembra sovrapporsi ai pensieri post-Resistenza, di quei fallimenti storici non saprei dire, ma i Fasci siciliani furono altro dal Risorgimento, dall'Unità e pure dal socialismo. Il conflitto è con lo Stato, non con il Risorgimento; la crisi – lo stato d'assedio, l'esercito che spara sulle folle – è quella della democrazia parlamentare rappresentativa. I Fasci siciliani – sembra un paradosso – si trovarono propriamente senza patria, «spaesati». Per di-

[36] Carlo Salinari, *Miti e coscienza del decadentismo italiano: D'Annunzio, Pascoli, Fogazzaro e Pirandello*, Feltrinelli, Milano, 1960.

re, non ebbero – e per la verità continuano a non avere, a parte gli storici – narrazione e letteratura, appartenenza linguistica, se non Pirandello appunto, nemmeno quando la distanza temporale lo avrebbe permesso. Una ferita aperta, che sanguina ancora.

Al conflitto tra i vecchi e i giovani («Ai miei figli, giovani oggi, vecchi domani» è la dedica di Pirandello) che è un conflitto anche interiore tra le speranze della gioventù e le disillusioni dell'età, tra il «vecchio» Risorgimento ormai forma dello Stato, e forma della democrazia parlamentare, e l'affacciarsi dei «giovani» movimenti sociali – la materia del romanzo –, Pirandello pensava piuttosto come al «dramma della mia generazione». E il «dramma» della sua generazione, come forse di ogni generazione che si affaccia al mondo e che ha la ventura di incontrarlo, era quello dell'esplosione di un movimento sociale – inatteso nella sua radicalità, cui non si era preparati – che rivendicava diritti e condizionando il presente poneva un'opzione sul futuro. Poneva pure un'opzione sul passato, sulla storia – il Risorgimento, l'Unità – per porne una sul presente. La cesura tra Pirandello e i Fasci siciliani è reale – e si può dire che la cesura fosse collettiva, nazionale: i Fasci, colpiti da una repressione brutale, scomparvero, tutta la loro esperienza si svolge nell'arco di tre-quattro anni – e talmente compiuta, talmente «biografica», l'elaborazione di questa distanza, da costruirci una materia narrativa. Eppure, la drammaticità di quel periodo – e lo schierarsi, le passioni, i conflitti, i percorsi e i pensieri individuali, dei personaggi e degli uomini, la brutalità e le speranze, mentre tutt'intorno sta nascendo un mondo – esplode intera nel romanzo e rimane ancora oggi integra, dato che le domande individuali e collettive intorno all'esplodere di un movimento sociale si ripresentano sempre. Quando si è davvero preparati all'esplodere di un movimento sociale radicale? Quando si è *pronti* per un'insurrezione? Possiamo cioè ancora *interrogarci* sullo spaesamento che ogni rivolta porta con sé piuttosto che soltanto leggere e capire da una nostra distanza storica eventi ormai sepolti nel tempo.

«Un manifesto era stato attaccato ai muri, ma il popolino lo ignorava; e, ignorandolo, al solito, come altrove, coi ritratti del re e della regina, un crocefisso in capo alla processione, gridando – Viva il re! Abbasso le tasse! – s'era messo a percorrere le vie del paese, finché, uscendo dalla piazza e imboccando una strada angusta che la fronteggiava, vi aveva trovato otto soldati e quattro carabinieri appostati. L'ufficiale che li comandava aveva preso questo partito con strategia sopraffina, perché la folla inerme, lì calcata e pigiata, alle intimazioni di sbandarsi non si potesse più muovere; e lì non una ma più volte, aveva ordinato contro di essa il fuoco. Undici morti, innumerevoli feriti, tra cui donne, vecchi, bambini. Ora, tutto era calmo, come in un cimitero» (*I vecchi e i giovani*, p. 237). La narrazione di Pirandello, cruda come un reportage, ripercorre la strage di Santa Caterina Villarmosa del 5 gennaio 1894. Il 3 gennaio, a Palermo, il generale Morra di Lavriano in virtù dei poteri conferitigli da Crispi aveva decretato lo stato d'assedio, sciolto per legge i Fasci dei lavoratori e disposto l'arresto dei membri del Comitato centrale. Era passato esattamente un anno dall'intensificarsi del ciclo di manifestazioni, scioperi e proteste iniziato il 3 gennaio del 1893 a Catenanova. In quell'anno ci furono centoventi manifestazioni in Sicilia di cui abbiamo una qualche registrazione: occupazioni di terre, scioperi dei braccianti agricoli per l'aumento dei salari, scioperi dei minatori[37] contro i gabelloti, scioperi dei mietitori, proteste contro le tasse, richieste dei patti colonici e per l'abolizione del cottimo, incendi dei casotti daziari, devastazioni di municipi. Anche festeggiamenti, per l'ottenimento dei nuovi patti colonici, per qualche aumento di salario, per l'allontanamento di un delegato di polizia o di qualche amministratore. Ci furono anche, quasi subito – nell'agosto stesso, a Comiso, Vittoria, Trapani, Balestrate, Terranova, Trappeto, Barcellona, Scordia, Porto Empedocle, Cefalù, Favara, Mazzara del Vallo, Palermo, Santa Ninfa, Aidone, Sutera, Melilli, Calatafimi, San Piero Patti, Sant'Angelo di Brolo – dimostrazioni di protesta dopo i fatti di Aigues Mortes, in Francia, quando i nostri connazionali che lavoravano nelle saline vennero linciati perché accusati di sottrarre lavoro ai francesi. Non c'era internet né la rete al tempo, ma i movimenti sociali si muovevano egualmente veloci. E ci furono anche a Licodia Eubea, a Naso, a Caccamo, a Militello, a Siracusa, manifestazioni al grido di «abbasso Giolitti, viva Crispi». Questo, certo, prima che Crispi desse pieni poteri al generale Morra. A quel punto restò ai contadini solo l'intercessione delle immagini del re e della regina, come santi da portare in corteo, insieme alla Vergine e al Cristo – Hobsbawm nel suo *I ribelli*[38] diede molto peso a questo aspetto religioso e millenaristico, ma i Fasci non erano i giurisdavidici di Lazzaretti riuniti in «comunità evangelica» sul monte Amiata – sperando che li proteggessero. Perché le stragi erano iniziate da subito: il 20 gennaio del 1893 a Caltavuturo, 13 morti. Poi,

[37] *Lu zulfataru cu lu scuru và, cu lu scuru veni, cu lu scuru fa la jurnata* – in Carmelo Botta, Francesca Lo Nigro, *Il sogno negato della libertà*, Navarra Editore, Marsala, 2022.

[38] Eric J. Hobsbawm, *I ribelli: forme primitive di rivolta sociale*, Einaudi, Torino, 1966.

erano proseguite, punteggiando le proteste: il 6 marzo, a Serradifalco, 2 morti; il 6 agosto, ad Alcamo 1 morto. Fino allo sconquasso degli ultimi mesi: il 10 dicembre, a Giardinello, 11 morti; il 25 dicembre, a Lercara, 11 morti; l'1 gennaio del 1894, a Pietraperzia, 8 morti; il 2 gennaio, a Belmonte Mezzagno, 2 morti; il 3 gennaio, a Marineo, 18 morti; e il 5 gennaio, a Santa Caterina Villarmosa, 14 morti, di cui racconta Pirandello. Poi, appunto, la calma di un cimitero. Tra Giolitti e Crispi, per i contadini e i solfatari si manifestò una continuità di eventi, dato che la prima strage, a Caltavuturo, era accaduta con il vecchio liberale piemontese riformista e trasformista – che dietro le proteste si raccomandò a evitarne altre –, e l'ultima, a Santa Caterina Villarmosa, accadde con il vecchio garibaldino rivoluzionario ora uomo di ferro. Non bastarono neppure la Vergine e il Cristo a proteggerli, i contadini.

Il primo Fascio venne inaugurato a Messina nel 1888 da Nicola Petrina, un giovane originario di Randazzo, di famiglia benestante, che si era molto distinto fondando la Croce rossa e portando soccorso alla popolazione durante il colera del 1884, e godeva di estrema popolarità. Petrina riunificò in un'unica sigla e un'unica organizzazione una radicata presenza di società e leghe di mutuo soccorso e resistenza operaia e artigianale. La denominazione «Fascio» non era nuova: era stata già usata, nel decennio precedente, da associazioni operaie romagnole, per rinvigorire simbolicamente il carattere di «società di resistenza» delle loro associazioni; ma assunse qui la forza della metafora: Rosario Garibaldi Bosco era solito ricordarlo nei suoi comizi: «Una verga, può spezzarla chiunque; ma un fascio di verghe, *picciotti* miei, chi può spezzarlo?». L'esperienza di Petrina a Messina venne bruscamente interrotta dall'arresto e dal carcere e il fascio locale non resse a quest'assenza. Fu con De Felice Giuffrida a Catania, nel 1891, che i Fasci ebbero un impulso straordinario, diffondendosi dalla città alla campagna delle province. E la loro peculiarità. E la consacrazione nell'isola avvenne con l'occasione dell'Esposizione universale a Palermo del 1892. Gli guastarono la festa: in mille arrivarono da Catania, sfilando in corteo – «passeggiate», le chiamavano i Fasci – per la città. Nacque il Fascio di Palermo, sotto la direzione di Garibaldi Bosco – «un giovinotto grosso e tarchiato, dalla larga faccia rotonda, dal colorito olivastro, con capelli neri tagliati corti e baffetti da adolescente, che vestiva pulitamente e quasi con eleganza», lo descrive il Rossi – e Bernardino Verro, un impiegato comunale espulso per le sue idee, e poi fu uno sviluppo rapido e impetuoso. Al processo del 1894 – che si concluse con sentenze durissime[39] – si favoleggiò di trecento Fasci capaci di mobilitare 350mila uomini,[40] ma De Felice fu più modesto e precisò che si trattava «solo» di 175 Fasci in tutta la regione. Per Pirandello: «centosessantatré fermamente costituiti, trentacinque in via di formazione» (*I vecchi e i giovani*, p. 173). Avvenne pure che l'esperienza dei Fasci superò lo stretto di Messina,[41] e a essi si ispirarono analoghe organizzazioni in Calabria, a

[39] Felice Cavallotti riferisce a Carducci una frase pronunciata dal Crispi, che a proposito di De Felice avrebbe detto: «Stu Cagliostru avi a moriri 'n galera» – in Michela Schillaci, *Fasci, ultimo atto: il processo*, in Pietro Manali (a cura di), *I Fasci dei Lavoratori e la crisi italiana di fine secolo (1892-1894)*, Salvatore Sciascia Editore, Caltanissetta, 1995.

[40] Garibaldi Bosco: «Io feci come Napoleone in una famosa battaglia contro gli Austriaci, che con uno stratagemma fece credere che le sue forze, molto inferiori a quelle austriache, fossero invece venti volte superiori e pose in fuga i nemici. Sfidai Giolitti col dilemma: se scioglierete i Fasci uscendo dalla legge, obbligherete anche noi ad uscire dalla legge per ricorrere alla forza. Giolitti ebbe paura», in Francesco Renda, *I Fasci siciliani*, op. cit.

[41] Natale Musarra, *I Fasci dei Lavoratori nel Continente*, in Pietro Manali (a cura di), *I Fasci dei Lavoratori*, op. cit.

Napoli e nell'Emilia, mentre eguali moti scoppiavano in Puglia e nella Lunigiana. Comunque, i dati più attendibili parlano di 119 Fasci nell'agosto del 1893, saliti a 163 nel novembre, per cui è credibile la valutazione di De Felice (e di Pirandello) che si riferiva soltanto a quelle strutture esplicitamente riconosciute dal gruppo dirigente. I Fasci, come le manifestazioni di protesta, si riproducevano spontaneamente.[42] In ogni caso, per avere un'idea di quale fosse la «forza» dei Fasci, a Casteltermini, su 14mila abitanti, i soci sono quattromila; a Piana dei Greci, su novemila abitanti, i soci sono duemila e cinquecento a cui vanno sommate mille donne; a Corleone, su 17mila abitanti, si contano seimila soci fra uomini e donne; a Santa Caterina Xirbi, ci sono iscritti 400 contadini; a Villarmosa duemila minatori; a Castrogiovanni, duemila; a Sommatino, sono mille e ottocento, di cui duecento donne. Sono numeri impressionanti per la diffusione e la capillarità – ancorché reali, dato che bisognava pagare con regolarità ogni mese la propria quota di dieci soldi per avere e mantenere la tessera di socio. Per essere un «fratello». Per capirli ancora meglio, bisogna raffrontarli con tutta la manodopera della campagna: nel 1903 (Vacirca,[43] ma Giarrizzo[44] non si discosta di molto) si calcolò in 476mila il numero dei giornalieri e 250mila per tutte altre categorie, tra cui 75mila «contadini, possidenti in parte e in parte fittavoli, mezzadri e giornalieri». Se 700mila era tutta la forza-lavoro della terra (e probabilmente, nel 1903, a dieci anni dai Fasci, già diminuita per processi di urba-

[42] «I Fasci crescono dappertutto come funghi», il delegato Francesco Marino, rappresentante della sezione Mestieri diversi al I Congresso provinciale operaio di Catania, 1° maggio 1893. In Francesco Renda, *I Fasci siciliani*, op. cit.

[43] Antonio Vacirca, *Il problema agrario in Sicilia*, Reber, Palermo, 1903.

[44] Giuseppe Giarrizzo, *La Sicilia e la crisi agraria*, in *I fasci siciliani. Nuovi contributi e una ricostruzione storica*, volume primo, De Donato, Bari, 1975.

nizzazione e emigrazione) e 350mila quelli mobilitati dai Fasci (anche a prendere con le molle un dato non registrato), significa che la metà era in lotta. Quando il 31 luglio 1893 iniziò a Corleone la lotta per modificare e chiedere nuovi patti colonici, nelle province di Palermo, Trapani, Agrigento e Caltanissetta tra agosto, settembre e ottobre la mobilitazione mosse 50mila unità. E successi elettorali si colsero dove vennero presentate liste amministrative, a Messina, Catania, Caltanissetta, Alcamo, Piana degli Albanesi. Dovevano fare proprio paura, con le loro coccarde, le loro sciarpe rosse, i loro stendardi, le loro bande musicali, le loro passeggiate, le loro Sante Vergini, tutti questi «fascianti». Paura e entusiasmo, a seconda, certo. A seconda del luogo in cui si colloca lo sguardo. Una cosa nuova che chiamavano sciopero.[45] Una materia fantastica. Un'epopea.

Nei primi giorni di ottobre del 1893 giunge in Sicilia Adolfo Rossi, brillante e affermato giornalista autore di reportage di successo apparsi su diversi giornali e riviste. Vi è stato inviato da uno dei più diffusi quotidiani dell'Italia centro-meridionale, «la Tribuna», con l'incarico di compiere un'ampia inchiesta giornalistica sul fenomeno dei Fasci, le cui risultanze appariranno in undici puntate, tra l'8 ottobre e il 3 novembre 1893[46] e poi in volume da Kantorowicz nel 1894. L'inviato della «Tribuna» volle conoscere di persona la realtà dei Fasci e animato da tale proposito compirà un giro, in ferrovia, a dili-

[45] «Poiché Rametta, il quale aveva adesso il peso della zolfara sulle spalle, non voleva saperne di crescere le paghe, mentre gli zolfi andavano giù a rotta di collo, e perciò gli operai avevano piantato lui e la sua zolfara, e s'erano messi a non far nulla – una cosa nuova che la chiamavano sciopero – i padroni senza più un soldo da riscuotere e i lavoranti senza pane». Giovanni Verga, *Dal tuo al mio. Teatro*, a cura di Rosy Cupo, Interlinea, Catania, 2019.
[46] Santi Fedele, *I Fasci siciliani dei Lavoratori (1891-1894)*, Rubbettino, Soveria Mannelli, 1994.

genza, a cavallo, visitando ampie zone dell'interno, nelle province di Palermo, Caltanissetta e Agrigento. Scenderà nelle miniere di zolfo e vedrà i carusi,[47] veri schiavi del lavoro, ricavandone una pena infinita, parlerà direttamente con centinaia di contadini, artigiani, minatori. Rossi, che rimarrà colpito dalle «processioni», dai fuochi di paglia e dalle torce a vento nella notte per avvisarsi un paese con l'altro dell'arrivo di un «capo», dalle fanfare e dai festoni, dalle carmagnole nere – una pellegrina, con un cappuccio che si chiudeva lasciando scoperti solo gli occhi – e dai distintivi rossi, e dall'«alone di santità» che circonda alcuni dirigenti dei Fasci, riporta con stupore la significativa presenza femminile. È tutta una carrellata di donne contadine, combattive e determinate, ma alcune rimangono davvero impresse. Siamo al Domatë ë gghindevet cë scerbejn, che poi è il Fascio dei lavoratori di Piana degli Albanesi: «Vedete questa nostra compagna? Mi dissero poi mostrandomi una bella giovane diciottenne, formosa, dai grandi occhi neri, che col viso incorniciato dalla mantellina albanese di lana bianca aveva tutto l'aspetto di una vestale. Durante l'ultimo tumulto ella si avanzò verso i soldati che avevano spianato le armi contro il popolo e disse loro: "Avreste il coraggio di tirare contro di noi?". Un soldato le rispose piano, per non farsi sentire dagli ufficiali: "Io per me ti do anche il fucile, se lo vuoi". Il capitano poi le disse: "Invitate le vostre compagne e i vostri uomini a gridare: Viva il Re! Vi-

[47] «Pròvati, pròvati a scendere per i dirupi di quelle scale, visita quegli immensi vuoti, quei dedalei andirivieni, fangosi, esuberanti di pestifere esalazioni, illuminati tetramente dalle fuligginose fiamme delle candele ad olio: caldo afoso, opprimente, bestemmie, un rimbombare di colpi di piccone, riprodotto dagli echi, dappertutto uomini nudi, stillanti sudore, uomini che respirano affannosamente, giovani stanchi, che si trascinano a stento per le lubriche scale, giovinetti, quasi fanciulli, a cui più si converrebbero e giocattoli e baci, e tenere materne carezze, che prestano l'esile organismo all'ingrato lavoro per accrescere poi il numero dei miseri deformi», Leonardo Sciascia, *Le parrocchie di Regalpetra*, Laterza, Bari, 1956.

va l'esercito! e tutto sarà allora finito". Così infatti avvenne. Da quel momento noi abbiamo scelto questa compagna per portabandiera della sezione femminile del Fascio». Tra non molto non sarebbe bastato gridare *Viva il re!* e tutto il coraggio di una portabandiera. Ma ancora: «In un giorno attorno alla metà di dicembre del 1893 il Fascio di Santa Ninfa si reca, fanfara e bandiera rossa in testa, nella vicina Gibellina per partecipare all'inaugurazione della locale sezione del Fascio. Al momento del ritorno dei "fascianti" nel paese, decide di andare loro incontro, nonostante il buio e l'ora tarda, il fascio femminile, composto in gran parte di ragazze nubili. Queste, con fanali, uscirono in aperta campagna per un tratto non breve e sole andarono incontro al fascio degli uomini, cosa che non avrebbero fatto in altri tempi e per qualsiasi altro motivo. Possono maggiormente valutare ciò coloro che conoscevano le nostre donne di allora: era il caso di dire che non si ragionava più». Non si ragionava più. Era proprio il caso di dirlo. Rossi riporterà anche un fatto curioso: i contadini si lasciavano crescere i baffi. «È uno spirito nuovo che si manifesta tra la folla dei contadini poveri, laceri, macilenti; tra i seimila villani – prima del Fascio, come in quasi tutta la Sicilia, anche a Piana degli Albanesi i contadini usavano radersi completamente la faccia –, che in ottemperanza all'invito di Barbato, hanno deciso di portare i baffi come caratteristica della propria dignità umana rivendicata, non si odono più le espressioni consuete di "bacio le mani" né di "vostra eccellenza ci benedica". Non è cosa da poco». Non erano cosa da poco, i baffi. Non si ragionava più. Una materia fantastica per la narrazione. Un'insurrezione come non s'era mai veduta.

«Non voleva credere che le banche avessero largheggiato verso il Governo per fini elettorali, per altri più loschi fini coperti; e che, favore per favore, il Governo avesse proposto leggi che per le banche erano privilegi, e difeso i prevaricatori, proponendoli agli onori della commenda e del Senato. Ma non poteva negare che fosse stato aperto il credito a certi uomini politici carezzati, che in Parlamento e per mezzo della stampa avevano combattuto a profitto delle banche falsarie, tradendo la buona fede del paese; e che questi gaudenti avessero voluto occultare ciò che da tempo si sapeva o si poteva sapere; e che, ora che le colpe avventavano, si volesse percuotere, ma con la speranza che la percossa ai più deboli salvasse i più forti» (*I vecchi e i giovani*, p. 146). Lo scandalo della Banca Romana, e in generale la crisi del sistema bancario, fu causato dalla grave depressione iniziata nel 1887-88 e dagli eccessivi investimenti nel settore edilizio, dopo il trasferimento della capitale. Per coprire le perdite, l'istituto di credito della capitale non solo iniziò a emettere nuova moneta senza autorizzazione, ma arrivò addirittura a stampare due serie di biglietti con lo stesso numero di serie, in modo da raddoppiare l'emissione di moneta in circolazione: la Banca Romana, a fronte dei 60 milioni autorizzati, per cui possedeva sufficienti riserve auree, aveva emesso biglietti di banca per 113 milioni di lire, incluse banconote false per 40 milioni emesse in serie doppia. Il presidente del Consiglio Giovanni Giolitti promosse un'inchiesta e il governatore della Banca Romana Bernardo Tanlongo venne arrestato. Dal carcere, Tanlongo affermò di aver dato cospicue somme anche a diversi presidenti del Consiglio, tra cui Giovanni Giolitti e Francesco Crispi. Lo scandalo ebbe non soltanto enorme risonanza nell'opinione pubblica, ma anche pesanti ripercussioni sia a livello politico sia sul sistema economico e bancario italiano. A seguito del caos finanziario, Giolitti pose mano rapidamente al riordino del sistema creditizio. Ancora tre decenni dopo l'Unità, in Italia vi erano ben sei banche centrali con la facoltà di emettere biglietti di banca intitolati al Regno d'Italia: la Banca Romana, la Banca Nazionale di Torino, il Banco di Napoli, il Banco di Sicilia, la Banca Nazionale Toscana e la Banca Toscana di Credito. Fu fondata la Banca d'Italia attraverso la fusione della Banca Nazionale con le due banche toscane e alla nuova banca fu affidata la liquidazione della Banca Romana. Il procedere del processo penale e dello scandalo derivato dalla vicenda, con il sospetto di coinvolgimento degli uomini politici e di occultamento delle prove, portò nel novembre 1893 a una crisi politica e alle dimissioni di Giovanni Giolitti da capo del Governo, sostituito in dicembre da Francesco Crispi. Certo, rispetto le raffinatezze dell'economia finanziaria di oggi appare un po' primitivo e rozzo il sistema di *stimulus* inventato da Tanlongo – che si appoggiò a una tipografia londinese per raddoppiare le serie dei biglietti. Eppure, la «creatività finanziaria» – 9 milioni di lire riapparvero in una notte, tramite un prestito virtuale fra collegate – costeggia sempre tra la violazione delle regole e l'agibilità in territori dove le regole non sono ancora vigenti. La bolla immobiliare della speculazione edilizia a Roma, soprattutto, ma anche a Napoli, Torino, Palermo, Firenze, in un ciclo di edificazione selvaggia che sembrava senza fine scoppiò ai primi segni di crisi, trascinandosi dietro il sistema finanziario. Non è una novità. La riorganizzazione del sistema creditizio finì con il produrre un aggravarsi della recessione economica. Non è una novità. E «la speranza che la percossa ai più deboli salvasse i più forti», anche questa non è una novità. La novità, allora, furono i Fasci. Emanuele Notarbartolo dal 1862 è prima reggente poi titolare del Banco di Sicilia. Arruolatosi con l'esercito dei Savoia, si aggrega anche alla spedizione dei Mille con Giuseppe Garibaldi. Nel 1865 è assessore alla polizia urbana a Palermo, con Antonio Starabba, marchese di Rudinì, come sindaco e nel 1873 viene eletto lui stesso sindaco di Palermo. Dal 1876 si occupa a tempo pieno del Banco di Sicilia: il Banco è sull'orlo del fallimento, e l'opera di Notarbartolo evita di far collassare l'economia siciliana. Il suo lavoro inizia a inimicargli molta gente. Il consiglio della banca è composto principalmente da politici, molti dei quali legati alla mafia locale. Nel 1882 il marchese viene sequestrato per un breve periodo. Il 1° febbraio 1893, nel tragitto in treno tra Termini Imerese e Trabia, venne ucciso con 27 colpi di pugnale da Matteo Filippello e Giuseppe Fontana, legati alla mafia siciliana. È il primo delitto eccellente di mafia.[48] Si disse anche che Notarbartolo si fosse opposto alla «fabbricazione di moneta» del Banco – che

[48] All'omicidio di Notarbartolo e al groviglio di interessi che lo avrebbe commissionato è dedicato *Il Cigno*, di Sebastiano Vassalli, Einaudi, Torino, 1993, un vero e proprio romanzo storico (il decennio dal 1893 al 1904), qual è peraltro l'impronta del suo impegno letterario, anzi un «romanzo verità», come lo definì, nell'introduzione del 2014, Vassalli stesso. Al centro del romanzo (qualche pagina e qualche notazione è anche dedicata ai Fasci) la figura di Raffaele Palizzolo, deputato siciliano – «il cigno», appunto, per le sue movenze e la sua voce – che sarebbe stato il vero puparo dell'omicidio Palizzolo e che, dopo una prima condanna per lo scandalo nazionale che ne era venuto, andò assolto, per insufficienza di prove, forse grazie anche alla costituzione di un Comitato Pro Sicilia, dove si radunò tutta «la crema» palermitana del tempo (aristocratici e professionisti, professori e avvocati), fiancheggiato dal giornale «L'Ora» di Edoardo Scarfoglio, che aveva vissuto la condanna a Palizzolo come una offesa alla Sicilia tutta. Dopo qualche anno di carcere, Palizzolo tornò a Palermo in un tripudio di folla. Il romanzo ebbe gran successo (siamo al tempo degli *attentatuni* mafiosi e di Tangentopoli), ma suscitò non poche polemiche: il sicilianismo, che sarebbe l'atmosfera della mafia, vi è messo sotto accusa («senza atmosfera non ci sarebbe vita sulla terra, e senza sicilianismo non ci sarebbe mafia»), e con esso gli scrittori e gli intellettuali siciliani, e Leonardo Sciascia *in primis*. Vincenzo Consolo parlò di «aggressività della neonata letteratura leghista». A me è sembrato solo poco più di un *feuilleton*, con personaggi troppo tipizzati, che mi ha ricordato, per la fattura narrativa, *Fino allo stato d'assedio*, Pedone-Lauriel, Palermo, 1895, un pretenzioso «romanzo sui Fasci» scritto proprio a caldo, di Luigi Marrocco Diprima – davvero una cosa da niente, in una atmosfera fosca di sangue e passione; ebbe, al tempo, un discreto successo e più ristampe.

aveva facoltà di stampa di moneta nazionale – per il Tanlongo. Tutto si aggrovigliava in Sicilia. Dal luglio 1887 al febbraio del 1891, e dal dicembre 1893 al marzo 1896, a capo del governo c'è Crispi, capo della Sinistra storica, un siciliano. Era stata proprio la Sicilia, con le elezioni del 1874, in cui vinse la Sinistra, a mandare a casa i governi della Destra storica. Dal febbraio 1891 al maggio 1892 e dal marzo 1896 al giugno 1898, a capo del Governo c'è di Rudinì, capo della Destra storica e del latifondo, un siciliano. Giolitti è dunque un intermezzo, dal maggio 1892 al dicembre 1893, in questo decennio in cui le stragi di Sicilia portano la firma di Crispi e quella delle cannonate di Bava Beccaris a Milano porta la firma di di Rudinì. Crispi e di Rudinì avevano «fatto» entrambi il Risorgimento, come peraltro mille altri, come lo stesso Notarbartolo. L'autobiografia di un siciliano, l'autobiografia della Sicilia era autobiografia del Risorgimento di una nazione e dello Stato che ne era venuto fuori. Eccolo, il senso di quel «romanzo autobiografico» di Sciascia. Tutto si aggroviglia lì. Due mesi prima di morire, don Sturzo scrisse: «Nel 1892-93, periodo delle polemiche sulla Banca Romana, io [...] mi sentivo estraneo alla politica locale, divisa fra crispini e rudiniani e del tutto ostile ai governi di Roma per i metodi usati in Sicilia; mi sentivo fin da allora regionalista e autonomista avanti lettera».[49] Don Sturzo, fondatore del Partito popolare cattolico, è l'unico che pensa a un programma politico, che sarà poi fondamento costituzionale e istituzionale della nazione, a partire dagli eventi di Sicilia.

«E prese a raccontare, con atteggiamento di grave costernazione, i fatti avvenuti di recente in Sicilia, a Serradi-

[49] Luigi Sturzo, *Ricordando la Banca Romana*, in *Tre male bestie*, Edizioni Politica Popolare, Napoli, 1959.

falco, a Catenanuova, ad Alcamo, a Casale Floresta, i quali provavano come in tutta l'isola covasse un gran fuoco, che presto sarebbe divampato; e a rappresentar la Sicilia come una catasta immane di legna, d'alberi morti per siccità, e da anni e anni abbattuti senza misericordia dall'accetta, poiché la pioggia dei benefizii s'era riversata tutta su l'Italia settentrionale, e mai una goccia ne era caduta tra le arse terre dell'isola. Ora i giovincelli s'erano divertiti ad accendere sotto la catasta i fasci di paglia delle loro predicazioni socialistiche, ed ecco che i vecchi ceppi cominciavano a prender fuoco. Erano per adesso piccoli scoppii striduli, crepitii qua e là; scappava fuori ora da una parte ora dall'altra qualche lingua di fiamma minacciosa; ma già s'addensava nell'aria come una fumicaja soffocante. E il peggio era questo: che il Governo invece d'accorrere a gettar acqua, mandava soldati a suscitare altro fuoco col fuoco delle armi» (*I vecchi e i giovani*, p. 187). E il peggio era questo, che il Governo mandava solo soldati.[50] «Quei contadini di Sicilia, trovando nella rabbia per l'ingiustizia altrui il coraggio d'affermare con violenza un loro diritto, s'erano recati a zappare le terre demaniali usurpate dai maggiorenti del paese, amministratori ladri dei beni patrimoniali del Comune: intimoriti dall'intervento dei soldati, avevano sospeso il lavoro ed erano accorsi a reclamare al Municipio la divisione di quelle terre; assente il capo, s'era affacciato al balcone un subalterno che, per allontanare il tumulto, li aveva consigliati di ritornar pure a zappare; ma per via la folla aveva trovato il passo ingombro dalla milizia rinforzata; accennando di voler resistere, s'era veduta prima assaltare alla bajonetta; poi, a fucilate, per avere agitato

[50] «Non saprei dire dove e come nascesse la diceria che l'esercito stava coi poverelli, per ordine del Principe ereditario o del re medesimo e che, insomma, non avrebbe adoperato le armi contro il popolo», in Carlo Corsi (generale), *Sicilia*, Fratelli Bocca, Torino, 1894.

in aria le zappe a intimorir gli assalitori. Dodici, i morti; più di cinquanta, i feriti: tra questi, alcuni bambini, uno dei quali crivellato da ben sette bajonettate» (*I vecchi e i giovani*, p. 148). E il peggio era questo, che il Governo mandava solo soldati. «Due cadaveri in quella cassa, uno su l'altro: uno con la faccia sotto i piedi dell'altro. Quello di sopra era d'un ragazzo. Divaricate, le gambe; la testa, affondata tra i piedi del compagno. A guardarlo così capovolto, pareva dicesse, in quell'atteggiamento: – *No! No!* – con tutto il visino smunto, dagli occhi appena socchiusi, contratti ancora dall'angoscia dell'agonia. No, quella morte; no, quell'orrore; no, quella cassa per due, attufata da quel lezzo crudo e acre di carneficina. La più raccapricciante era la vista dell'altro, di tra le scarpe logore del ragazzo, coi grandi occhi neri ancora sbarrati e un po' di barba fulva sotto il mento. Era d'un contadino nel pieno vigore delle forze. Con quei terribili occhi sbarrati al cielo, dal corpo supino chiedeva vendetta di quell'ultima atrocità, del peso di quell'altra vittima sopra di sé. – Vedete, Signore, – pareva dicesse, – vedete che hanno fatto!» (*I vecchi e i giovani*, p. 238). E il peggio era questo, che il Governo mandava solo soldati. «E qual rovinio era sopravvenuto in Sicilia di tutte le illusioni, di tutta la fervida fede, con cui s'era accesa alla rivolta! Povera isola, trattata come terra di conquista! Poveri isolani, trattati come barbari che bisognava incivilire! Ed erano calati i *Continentali* a incivilirli... e i tribunali militari, e i furti, gli assassinii, le grassazioni, orditi ed eseguiti dalla nuova polizia in nome del Real Governo; e falsificazioni e sottrazioni di documenti e processi politici ignominiosi: tutto il primo governo della Destra parlamentare! E poi era venuta la Sinistra al potere, e aveva cominciato anch'essa con provvedimenti eccezionali per la Sicilia... – Ridere, ridere! – incalzò donna Caterina con più foga. – Lo sa bene anche lei come quegli ideali si sono tradotti in realtà per il popolo siciliano! Che n'ha avuto? Com'è stato trattato? Oppresso, vessato, abbandonato e vilipeso! Gli ideali del Quarantotto e del Sessanta? Ma tutti i vecchi qua gridano: *Meglio prima! Meglio prima!* La Francia che soffia nel fuoco? Lei si conforta così? Sono tutte calunnie, le solite, quelle che ripetono i ministri, facendo eco ai prefetti e ai tirannelli locali capielettori; per mascherare trenta e più anni di malgoverno! Qua c'è la fame, caro signore, nelle campagne e nelle zolfare; i latifondi, la tirannia feudale dei cosiddetti cappelli, le tasse comunali che succhiano l'ultimo sangue a gente che non ha neanche da comperarsi il pane! Si stia zitto! Si stia zitto! Perché voi lo vedrete – concluse. Faccio una facile profezia: non passerà un anno, assisteremo a scene di sangue» (*I vecchi e i giovani*, p. 59). Non passerà un anno. Una facile profezia.

Nella sua *Storia d'Italia*,[51] Benedetto Croce si chiede se fosse possibile o concepibile che «la prima regione d'Italia, in cui il socialismo marxistico e rivoluzionario parve fare le prime prove pratiche e discendere alla effettiva rivoluzione fosse la meno industriale, la meno progredita, la più distaccata dal resto d'Italia, la Sicilia».[52] In

[51] Benedetto Croce, *Storia d'Italia dal 1871 al 1915*, Laterza, Bari, 1967.
[52] Francesco Renda, *I Fasci siciliani*, op. cit. Altrove («Quaderni Siciliani», II, nn. 7-8, 1974), Renda scrive ancora in proposito: «Alla domanda se era possibile e concepibile che il socialismo facesse le sue prime prove in una regione industrialmente arretrata come la Sicilia, va sostituita la domanda opposta: perché il socialismo dovette affrontare le sue prime prove in una regione del Sud, e non nelle roccaforti del movimento operaio organizzato del Nord... Una peculiarità del socialismo italiano è stata quella di aver ereditato tutti i problemi irrisolti del nostro Risorgimento. Fra questi c'era la questione della estrema mobilità politica delle campagne meridionali dovuta alla presenza di notevoli masse di contadini senza terra. Non desterà meraviglia che le campagne meridionali presentano un alto grado di politicizzazione fin dal Seicento e Settecento... Ad ogni modo, è dimostrato che i contadini siciliani del 1892-94 si pongono sotto le insegne del socialismo perché hanno alle loro spalle un ampio retroterra di esperienze e di lotte politico-sociali».

realtà, i primi a non considerarlo concepibile furono proprio i socialisti. Il meccanicismo positivistico è come un mantra: industrializzazione, civiltà, progresso. Al congresso di Reggio Emilia del 1893, mentre in Sicilia da oltre un mese è in corso lo sciopero agrario in quattro province, i socialisti assumono un punto di vista sulla questione delle campagne assolutamente «operaista»: «sorvegliare e dirigere l'azione economica del partito, specialmente fra gli operai di città e di campagna». Gli operai di campagna. I contadini sono guardati con sospetto: «nei nostri paesi dell'Italia media, ad esempio, dove fra gli agricoltori sono rari i giornalieri, ove vige su larga scala il contratto di mezzadria, ove la piccola proprietà agricola è ancora abbastanza estesa, la propaganda nelle campagne incontra gravi difficoltà, per quel relativo benessere in cui si trovano gli abitanti rurali; benessere che li tiene asserviti alla borghesia, la quale usa del contadino come strumento per mantenersi a capo delle pubbliche amministrazioni e per continuare l'opera di sfruttamento a danno delle classi lavoratrici». È un giudizio durissimo, ovviamente non condiviso da tutto il Congresso. Si parlò di cooperative agricole per la coltivazione in comune delle terre; di cooperative per l'acquisto dei concimi e l'uso in comune di macchine agricole; di depositi di prodotti che permettessero di anticipare parte del loro valore ai mezzadri e ai piccoli proprietari, e di vendere poi i prodotti stessi nei momenti più opportuni. Tutte cose, peraltro – cooperative di consumo e spacci alimentari – che i Fasci stavano già ampiamente sperimentando. Ma una decisione vincolante congressuale non fu presa e il dibattito – che implicava e si sovrapponeva a quello dell'alleanza tattica con altri partiti per le elezioni – fu rinviato. I Fasci restarono soli. Tra il 1888 e il 1895, in Sicilia esplode il dramma della crisi agraria, che non è solo del grano ma anche del vino, per via della guerra tariffaria con la Francia, e si intreccia a quella dello zolfo, per via del prodotto americano. A partire dagli ultimi mesi del 1892 la situazione diventa intollerabile. De Felice, al processo, dirà che il raccolto dei grani del 1892 e del 1893 fu inferiore del 44 per cento, e tutti gli altri di un terzo e un quarto. E qui si colloca la diffusione straordinaria dei Fasci nel contesto rurale, con l'adesione a essi non soltanto dei braccianti, ma anche di una porzione considerevole dei mezzadri e dei piccoli proprietari e di settori non irrilevanti di piccoli proprietari pesantemente penalizzati dalla crisi. Ad organizzarli «centinaia di giovani professionisti e studenti universitari siciliani, espressione di un fenomeno che negli ultimi anni del secolo vede settori certamente minoritari ma non insignificanti della gioventù studiosa siciliana abbracciare la causa del riscatto della loro terra» (Fedele). Eccolo, il «dramma della generazione» di Pirandello. Il dramma di chi si affaccia al mondo e incontra qualcosa che mai s'è veduto prima. I Fasci non sono un fenomeno dell'arretratezza – i processi di urbanizzazione si accompagnano a quelli di ruralizzazione – delle campagne, né un fenomeno epigone di un Risorgimento «incompiuto», ma un'intuizione straordinaria sulla crisi e sul conflitto: lo scontro non è solo tra classi, ma direttamente con lo Stato – con la richiesta di abolire o ridurre le tasse comunali, sciogliere le amministrazioni locali –, non c'è mediazione dei partiti ma immediato protagonismo di masse popolari, e, soprattutto, utilizzano la piazza come luogo naturale ove la lotta trova il modo di esplicarsi in tutto il vigore. È la lotta di strada. È il tumulto. È l'insurrezione. Tra il 1891 e il 1893 le contraddizioni politiche tra classi dirigenti dello Stato, la crisi economica, la crisi finanziaria, la recessione, e l'affacciarsi di una «cosa» che mai si era vista prima, un movimento sociale composito e insorgente, si concentrano tutte in un territorio. Tutto si aggroviglia lì, in Sicilia. «Sapeva, sì, che già prima nelle Romagne, nel Modenese, nelle province di Reggio Emilia e di Parma, nel Cremonese, nel Mantovano, nel Polesine, era sorto a far le prime armi il socialismo italiano; ma tutt'altra cosa era adesso in Sicilia! Rivelazione improvvisa, prodigiosa!» (*I vecchi e i giovani*, p. 170). Tutt'altra cosa era adesso in Sicilia! Un prodigio, in Sicilia! La stampa europea, e particolarmente quella tedesca, che aveva allora il movimento operaio più fortemente organizzato, dalla «Neue Zeit» al «Vorwärts» alla «Volkstribune», confermava l'importanza del movimento: «il primo grande movimento di massa proletaria che si vedeva in Italia, il primo atto di socialismo italiano». Karl Kautsky scriveva: «La Sicilia è oggi al centro delle simpatie e dei pensieri del proletariato internazionale».[53] «Un dato storico-antropologico: il carattere indomito e indocile della popolazione. Un dato politico: la proiezione italiana, europea di questa propensione alla rivolta. Sono tutti elementi che concorrono all'impasto del concetto politico di Sicilia rivoluzionaria. Fosse mito, fosse realtà, danno un'impronta decisiva al rapporto tra la Sicilia e il Regno d'Italia».[54] La Sicilia è pericolosa! «I moti fra noi si sono succeduti in diverse forme e con diverso intento, larvando sempre il vero scopo: garibaldino nel 1862, repubblicano nel 1866, socialista nel 1893».[55] Ma i socialisti italiani cercano soprattutto di allontanare da sé l'accusa di avere parte, diretta o indiretta, nei tumulti popolari. Anna Kuliscioff scrive a Friedrich Engels il 18 gennaio 1894: «Carissimo

[53] «Vorwärts» del 2 novembre 1893: «La scintilla del socialismo ha acceso in modo inestinguibile l'animo dei Siciliani», in Salvatore Francesco Romano, *Storia dei Fasci siciliani*, op. cit.

[54] Antonino Recupero, *La Sicilia all'opposizione (1848-1874)*, in Maurice Aymard e Giuseppe Giarrizzo, *Storia d'Italia*, V, *La Sicilia*, Einaudi, Torino, 1987.

[55] Francesco Maggiore Perni, *Delle condizioni economiche, politiche e morali della Sicilia, dopo il 1860*, Palermo, 1896.

Maestro, permetteteci di rubarvi un po' del vostro prezioso tempo per chiedervi consiglio e suggerimenti nella situazione difficile in cui il partito socialista italiano, appena nato, si trova ora in Italia... Se questa massa incosciente, esasperata e numerosa esce in piazza, il partito socialista dovrà starsene in casa ad aspettare tempi migliori? Ovvero dovrà, molti o pochi che siano, mettersi alla testa della massa ribelle».[56] Engels risponde da Londra a breve giro di posta il 26 gennaio 1894: «Se noi siamo tenuti a sostenere ogni movimento popolare *reale,* siamo tenuti ugualmente a non sacrificare inutilmente il nucleo appena formato del nostro partito proletario e a non lasciar decimare il proletariato in sterili sommosse locali».[57] Salvemini sarà spietato: «La *jacquerie* del '93 fu una convulsione isterica, nella quale il socialismo ci entrò solo perché, essendovi nel resto del mondo un partito socialista rivoluzionario, questi affamati saccheggiatori di casotti daziari credettero di essere socialisti anche essi».[58] I Fasci rimangono soli. I contadini rimangono soli.

Quando ormai le stragi di contadini sono diventate quotidiane, lo stato d'assedio è proclamato, i dirigenti e i militanti dei Fasci sono già in prigione, Eduardo

[56] Anna Kuliscioff, *Scritti*, Fondazione Anna Kuliscioff, Milano, 2015.
[57] In «Critica Sociale», n.3, 1 febbraio 1894.
[58] Gaetano Salvemini, *Movimento socialista e questione meridionale*, a cura di Gaetano Arfè, Feltrinelli, Milano, 1963. Arfè, a sua volta, non sarà meno tenero: «I promotori dei fasci si mettono in movimento senza avere alcuna idea di dove andare a finire... I lavoratori siciliani intanto nelle campagne dànno l'assalto ai municipi e ai casotti daziari, inneggiando al socialismo ma più ancora ai santi patroni e ai reali d'Italia, mentre alle loro spalle si svolge un oscuro gioco di intrighi, che dalle mafie e dalle clientele locali risale agli uomini di governo, a Giolitti e a Crispi, che giocano l'un contro l'altro la carta siciliana... In realtà, il movimento siciliano, in ogni sua fase, non soltanto si sviluppa fuori del controllo del partito socialista, ma riesce ai maggiori esponenti del partito altrettanto incomprensibile che se in luogo di una regione italiana, si fosse trattato dell'Africa nera». Gaetano Arfè, *Storia del socialismo italiano (1892-1926)*, Einaudi, Torino, 1965.

Boutet[59] – un giovane e brillante critico teatrale napoletano molto letto e seguito – pubblicava nel «Don Chisciotte» di Roma del 7 gennaio 1894 un articolo dal titolo: *Sicilia verista e Sicilia vera*. È un attacco frontale, senza riguardi, contro i grandi vecchi del verismo, del romanzo realista, Capuana e Verga: «E voi scrittori siciliani, di novelle, di bozzetti, di macchiette e via, perché ne' vostri libri, non avete narrate quelle sciagure? Luigi Capuana e Giovanni Verga hanno sempre dichiarato che essi riproducevano, dall'ambiente al carattere, il vero. Tutto e solo per la verità. Né è stato consentito mai il dubbio sulla validità del documento. Si era convinti e persuasi – perché dubitare della sincerità? – che quelle creature rese poi addirittura popolari nel mondo dalle note di *Cavalleria rusticana*, fossero così e non altrimenti. E si giurava che quella era la verità, tutta la verità, niente altro che la verità: Cavalleria rusticana, e Santuzza, e Turiddu e compare Alfio, con relative piccole sventure di persone, non tragedie di popolo, anzi gente di buon augurio in fondo. Ma ecco i fatti di Sicilia. Quella letteratura speciale e caratteristica, dove aveva trovato i suoi documenti? Il vero... il vero come? il vero dove? Quelle macchiette, quei bozzetti, quelle novelline di dove fiorivano? Quale fosse il martirio precisamente de' contadini proprio di quelli che fornivano il modello secondo tutte le Cavallerie rusticane del genere, si vede nei tristi casi di questi giorni. Altro che compari Turiddu e compari Alfio, e morsetti all'orecchio e male pasque a te e a me! Basta la storia squadernata al sole della sola zolfara per sentirsi spezzare l'anima. Invece compare Alfio se ne veniva a cantare allegramente alla ri-

[59] Natale Tedesco, *Boutet, Capuana e Verga di fronte ai Fasci siciliani*, in Corrado Dollo et al., *I Fasci siciliani. La crisi italiana di fine secolo*, op. cit.

balta: Oh, che bel mestiere fare il carrettiere. Ecco, è chiaro. Vuol dire che la Sicilia degli scrittori che riproducevano dal vero è diversa, assai diversa, dalla Sicilia vera: popolo che soffre tutti gli strazi e tutti i soprusi, e che cerca nella morte la fine de' patimenti più infami e più ingiusti. Vuol dire che la Sicilia-Cavalleria rusticana, nella quale si può riassumere la macchietta, il bozzetto e la novella, era una Sicilia esercitazione letteraria, quindi retorica nel metodo, e nel fine una Sicilia d'osservazione in prima pelle, o in quanto si presta alla grazietta accademica e nulla più: di maniera. Vuol dire che quegli scrittori hanno forse tutte le doti di artisti, non mi riguarda, ma quando gridano di riproduzione dal vero non sono esatti: si sono fermati a' giubbetti ed ai fioretti, e nelle anime non hanno guardato: se le anime avessero vedute e sentite ben altro dovere avrebbero dato alla loro letteratura. Con i carusi non si fanno i volumini gingilli e le illustrazioncelle civettuole pe' salottini rococò!». Boutet – che di sicuro ha letto i reportage di Rossi e ne è rimasto impressionato – sembra dire due cose e non soltanto una a Capuana e Verga. La prima, che la loro narrativa non fosse poi davvero veristica, non fosse cioè capace di intercettare la realtà del tempo; la seconda, che si fosse fermata alla superficie dei fatti e dei personaggi, senza guardare dentro le loro anime. Entrambe, la *superficialità* e il *manierismo* dei narratori siciliani che, in quel momento, sono «la» letteratura nazionale, a me però non sembra colgano il punto. L'antagonismo fra scritture non poteva ridursi – e questo è un argomento che ancora oggi ci pertiene – tra reportage giornalistico aderente alle cose e narrazione dove la verità dei fatti si mescola alla finzione. *Il vero... il vero come? il vero dove?* Io direi piuttosto: Il vero, quale? Boutet sembra spingere per un «linguaggio delle cose», quello che Pirandello indicherà come antagonista al «linguaggio delle parole». Ma quali *cose*? In ogni caso, Capuana si sente piccato e s'incarica di rispondere, sullo stesso giornale, per le rime a Boutet. «Sotto l'incubo dei terribili telegrammi che arrivano di laggiù, voi vi siete rammentato di compare Alfio, di compare Turiddu, e siete rimasto strabiliato di vedere che in Sicilia, invece di ammazzarsi con la solita regola di mordersi l'orecchio, si fanno ammazzare in tutt'altri modi e ammazzano e incendiano e devastano come non fa nessuno dei personaggi di *Cavalleria rusticana*: e allora, avete esclamato: – Ma che sono venuti a contarci il Verga e il Capuana coi loro pretesi siciliani? I veri siciliani sono questi qui, questi dei telegrammi della Stefani! Che ne sapete voi, caro Boutet, che non siete mai stato in Sicilia? Come potete giudicare che i veri siciliani siano questi e non gli altri da noi descritti. Ecco, leggete qui: "Sciorinarono dal campanile un fazzoletto a tre colori, suonarono le campane a stormo, e cominciarono a gridare in piazza: Viva la libertà! Come il mare in tempesta, la folla spumeggiava e ondeggiava davanti al casino dei galantuomini, davanti al Municipio, sugli scalini della chiesa: un mare di berrette bianche; le scuri e le falci luccicavano. Poi irruppe in una stradicciuola. – A te prima, barone! che hai fatto nerbare la gente dai tuoi campieri! – Innanzi a tutti gli altri una strega, coi vecchi capelli irti sul capo; armata soltanto delle unghie. – A te prete del diavolo, che ci hai succhiato l'anima! – A te, ricco epulone, che non puoi scappare nemmeno, tanto sei grasso del sangue del povero! – A te, sbirro, che hai fatto la giustizia solo per chi non aveva niente! – A te guardaboschi! che hai venduto la tua carne e la carne del prossimo per due tarì al giorno! E il sangue che fumava e ubbriacava. Le falci, le mani, i cenci, i sassi, tutto rosso di sangue! – Ai galantuomini! Ai cappelli! Ammazza! Ammazza! Addosso ai cappelli". Vi pare un telegramma da Caltavuturo o da Valguarnera? Ebbene è proprio il principio di una delle *Novelle rusticane* del Verga. Voi parlate d'arte, sentenziate che gli autori contemporanei dovrebbero sentir fremere nell'anima l'opera civile, l'opera d'arte verrebbe poi! Caro Boutet, permettetemi di dirvi che questa non è materia vostra, e che fareste meglio a non buttarvi in tal ginepraio. L'opera d'arte viene quando dee venire, cioè quando c'è l'artista che sa farla; e pare che, a giudizio dei competenti, il Verga e qualche altro abbiano saputo farla, senza preoccuparsi dei Fasci e dell'onorevole De Felice, osservando la Sicilia in istato normale, in istato di sanità e non di eccitazione morbosa». La Sicilia è per Capuana in stato di *eccitazione morbosa*. È, come diceva Salvemini, in una convulsione isterica. Non la si può capire così. Non si ragionava più. Capuana non la riconosce più. O ne conosce solo gli sbotti tumultuosi di sempre. Ammazza, ammazza. È quella la verità della Sicilia, per il verismo. E forse non solo per il verismo: Mario Rapisardi, il «lirico» poeta catanese di risonanza nazionale – Pirandello, in gioventù ne era affascinato, ma presto la sua scrittura se ne allontanò – aveva declamato nel *Canto dei mietitori*:[60] «O benigni signori, o pingui eroi, / Vengano un po' dove falciamo noi: / Balleremo il trescon, la ridda, e poi... / Poi falcerem le teste a lor signori». Per Capuana, i De Felice e i Fasci passano, o contano poco. Resta sempre: Ammazza, ammazza. Un'anima violenta e dura, cupa e sanguinaria. Da fermare con l'esercito. Capuana e Verga (l'incipit riportato da Capuana è quello della novella *Libertà* di Verga) hanno attestato la loro letteratura sul Risorgimento. E sulla proprietà. È

[60] Mario Rapisardi, *Giustizia*, Giannotta Editore, Catania, 1883.

quello il loro verismo: la proprietà della terra. Senza la proprietà della terra, resterebbe il caos, *u' cavusu*. E questo è il punto: in nome del Risorgimento, che è forma dello Stato italiano, della politica italiana fra una Destra storica e una Sinistra storica – *Trenta e più anni di malgoverno. Meglio prima! Meglio prima!* – che sono *affare* di siciliani, bisogna fermare quel caos. Loro, meglio di chiunque altro, sanno quale prateria si va incendiando. Senza proprietà della terra, c'è il caos. È qui che si colloca il «vero» – il vero, come? il vero, dove? il vero, quale? «L'uomo incappucciato esitò ancora un po', prima di rispondere; volse intorno gli occhi sospettosi, poi mormorò, sempre dentro il cappuccio: – M'hanno parlato a quattr'occhi... Persona fidata... Dice che... E s'interruppe di nuovo. – Parla, parla, figlio mio, – lo esortò il Pigna. – Siamo qua soli... Che t'hanno detto? Gli occhi sospettosi sotto il cappuccio espressero lo sforzo penoso che colui faceva su se stesso per vincere il ritegno di parlare. Alla fine, stringendosi più al muro e stendendo appena fuor del cappotto una mano sul braccio del Pigna, domandò a bassissima voce: – È qua che si spartiscono le terre? Nocio Pigna, mezzo imbalordito per tutto quel mistero, restò a guardarlo un pezzo di traverso, a bocca aperta. – Le terre? – disse. – Le terre, no, figlio mio. Quegli allora alzò il mento e chiuse gli occhi, per un cenno d'intesa. Sospirò: – Ho capito. Mi pareva assai! Mi hanno burlato. E si mosse per andar via. Nocio Pigna lo trattenne. – Perché burlato? No, figlio mio... Senti... – Mi scusi Voscenza, – disse quegli, fermandosi per farsi dar passo. – È inutile. Ho capito. Mi lasci andare... – E aspetta, caro mio, se non mi dài il tempo di spiegarmi... – s'affrettò a soggiungere il Pigna. – Le terre, sissignore, verranno anche quelle... Basta volere! Se noi vogliamo... Sta tutto qui! Unione, corpo di Dio, e siamo tutto, possiamo tutto! La legge la detteremo noi: debbono per forza venire a patti con noi. Chi lavora? chi zappa? chi semina? chi miete? O date tanto, o niente! Questo per il momento. Il nostro programma... Vieni, ti spiego tutto... – Voscenza mi lasci andare... Non è per me...» (*I vecchi e i giovani*, p. 101). Al processo contro i dirigenti dei Fasci che si tenne a Palermo tra l'aprile e il maggio del 1894 davanti al Tribunale militare di guerra, il 28 aprile viene a testimoniare, a favore di Garibaldi Bosco, il deputato Antonio Marinuzzi, avvocato, un moderato riformista. Tra le altre cose, dice: «Anch'io sono per la proprietà collettiva in Sicilia perché è un concetto altamente storico. I contadini nostri si trovano in condizioni peggiori di quando vi era il feudo. La proprietà in Sicilia è male organizzata; una migliore organizzazione non suppone che si debba dare la proprietà ai contadini, ma l'uso di pascere, di seminare, di legnare, usi inalienabili. Questo è un concetto santissimo, ma messo questo concetto in piazza a gente che non sa leggere e scrivere e che è vittima di ingiustizie, questo concetto scientifico, seminato in quel terreno, non produce gli effetti che dovrebbe produrre, perché capiscono invece quelle genti che devono dividere le terre col proprietario».[61] Quello capivano i contadini, che dovevano dividere le terre. Un concetto scientifico, certo. Un concetto storico, certo. Un concetto santissimo, certo.

Pirandello intuisce la frattura temporale che si condensa nei fatti di Sicilia, nell'esperienza dei Fasci, che non è più fra «l'allora» e «l'adesso», fra il Risorgimento e l'Italia che s'è venuta a formare, ma è tra «l'ora» e il

[61] «L'Ora», 28 ottobre 1974. Il quotidiano pubblicò tutti gli atti del processo tra il 5 ottobre e l'11 dicembre 1974.

«dopo», il tempo di questa nuova storia, quella dei movimenti del lavoro. «Che volevano infatti tutti quei suoi compagni? Ben poco, per il momento, in Sicilia. Volevano che, per l'unione e la resistenza dei lavoratori, venissero a patti più umani i proprietarii di terre e di zolfare, e cessasse il salario della fame, cessassero l'usura, lo sfruttamento, le vessazioni delle inique tasse comunali, per modo che a quelli fosse assicurato, non già il benessere, ma almeno tanto da provvedere ai bisogni primi della vita. Volevano, adattandosi modestamente alle condizioni locali, l'impianto di cooperative di consumo e di lavoro e la conquista dei pubblici poteri; fra qualche anno trionfare nelle elezioni comunali e provinciali dell'isola; riuscir vittoriosi in qualche collegio politico, per aver controlli e banditori delle più urgenti necessità dei miseri nei Consigli comunali e provinciali e nella Camera dei deputati. Questo volevano. Ed era giusto. Non c'era altro da volere, altro da fare, per ora. E tanta esaltazione, dunque, e tanto fermento per ottenere ciò che forse nessuno, fuori dell'isola, avrebbe mai creduto che già non ci fosse: che in ogni casolare sparso nella campagna la lucernetta a olio non mostrasse più ai padri che ritornavano disfatti dal lavoro lo squallido sonno dei figliuoli digiuni e il focolare spento; che fossero posti in grado di divenire e di sentirsi uomini, tanti cui la miseria rendeva peggio che bruti. Una buona legge agraria, una lieve riforma dei patti colonici, un lieve miglioramento dei magri salarii, la mezzadria a oneste condizioni, come quelle della Toscana e della Lombardia, sarebbero bastati a soddisfare e a quietare quei miseri, senza tanto fragor di minacce, senza bisogno d'assumere quelle arie d'apostoli, di profeti di paladini. Oneste, modeste aspirazioni, quasi evangelicamente disciplinate, da raggiungere grado grado, col tempo e con la chiara coscienza del diritto negato! Perché ancora, ancora dentro, esasperatamente, gli scattava la protesta: – No, non è questo? – Mancava il coro innumerevole, che era in Sicilia» (*I vecchi e i giovani*, p. 174). Il coro innumerevole dell'insurrezione mette in crisi il convinto riformismo, quel «grado grado», quel «lieve, lieve». *No, non è questo.* Una buona legge agraria, migliori patti colonici, salari più decenti. Ed era giusto. *No, non è questo.* La conquista dei pubblici poteri, fra qualche anno trionfare nelle elezioni comunali e provinciali dell'isola, riuscir vittoriosi in qualche collegio politico. Ed era giusto. *No, non è questo.* Cosa allora, cosa vuole il coro innumerevole dell'insurrezione? E chiede mai qualcosa, il tumulto, l'insurrezione? Riesci a sentirlo, a capirlo? A scriverne?

Il giudizio di Croce sul gruppo dirigente dei Fasci è durissimo: «Il torto di quegli uomini, di quei giovani, era di eccitare e tirarsi dietro masse ignoranti e inconsapevoli, credendo di potersene valere per attuare idee che quelle non comprendevano e dalle quali erano lontanissime: cioè di tentare sia pure a fin di bene, un imbroglio; che non è cosa che possa mai partorir bene e, tessuta con l'inganno, merita di essere distrutta con la forza». Una valutazione, che lo accomuna ai socialisti del tempo, sulla «impreparazione delle masse», si accompagna a un'altra, che lo accomuna alla reazione del tempo, sull'uso della repressione. Per alcuni versi, Croce non fa che riecheggiare Pirandello, la cui descrizione dei personaggi dirigenti dei Fasci locali è crudele: «E dalla svoltata apparvero sotto un ombrellaccio verde sforacchiato, stanchi e inzaccherati, i due inseparabili Luca Lizio e Nocio Pigna, o, come tutti da un pezzo li chiamavano, Propaganda e Compagnia: quegli, uno spilungone ispido e scialbo, con un pajo di lenti che gli scivolavano di traverso sul naso, stretto nelle spalle per il freddo e col bavero della giacchettina d'estate tirato su; questi, tozzo, deforme, dal groppone sbilenco, con un braccio penzolante quasi fino a terra e l'altro pontato a leva sul ginocchio, per reggersi alla meglio. Erano i due rivoluzionarii del paese. Nocio Pigna aveva posto davanti e dietro e tutt'intorno a sé ragioni e sentimenti, tutte le sue disgrazie, com'armi di difesa contro a quelli che lavoravano accanitamente per levargli ogni credito. Più parlava e più le sue stesse parole accrescevano la sua persuasione e la sua passione. Ma a furia di ripetere sempre le medesime cose, col medesimo giro, queste alla fine gli s'erano fissate in una forma che aveva perduto ogni efficacia; gli s'erano, per dir così, impostate su le labbra, come bocche di fuoco che non mandavano più fuori se non botto, fumo e stoppaccio. Dentro, non aveva più nulla. Era un uomo che parlava, e nient'altro» (*I vecchi e i giovani*, p. 25). Un uomo che parlava, e nient'altro. Un linguaggio di parole, ciò che Pirandello massimamente detestava. Un imbrogliare, lo definisce Croce. In un certo senso, l'appello che i dirigenti dei Fasci – Barbato, Bosco, De Felice, De Luca, Leone, Montalto, Petrina, Verro – lanciarono dalla «clandestinità» il 3 gennaio sembra dargli ragione: «Lavoratori! Ritornate alla calma, perché coi moti isolati e convulsionari non si raggiungono benefici duraturi». De Felice era per un moto insurrezionale, gli altri no, e vinse l'invito alla calma. Avevano acceso «sotto la catasta i fasci di paglia delle loro predicazioni socialistiche, ed ecco che i vecchi ceppi cominciavano a prender fuoco». Ora, nessuno sapeva più cosa fare. E il governo mandava solo soldati. Ma il giudizio di Croce e di Salvemini e di Pirandello – lo scriteriato agire dei «giovincelli» e il teppismo delle masse agitate – sembra un *refrain* buono per ogni rivolta, per ogni volta che i caratteri del lavoro si modificano e l'irruzione di una nuova soggettività politica fa da abbrivio a una nuova composizione sociale. Toccò anche a noi del Settantasette, la nostra quota di «giovincelli» e di «saccheggiatori di casotti daziari» con l'aggiunta di una colpa di «dannunzianesimo» che mi irritava massimamente, per quel «linguaggio di parole» che riecheggiava. E però, è questo il punto: «La plebe contadina costituisce una delle forze sociali protagoniste dei *Vecchi e i giovani* ma non è in grado di incarnarsi in individualità compiute e complesse» (Spinazzola). È come lo sciame sismico di un terremoto che continua a far ballare la terra, che pervade tutto il romanzo e invade i sentimenti dei protagonisti e ogni loro azione, il «paesaggio» dentro il quale si collocano le scelte. Perché mai dovrebbe «incarnarsi in individualità compiute e complesse»? Può mai una moltitudine, una insurrezione «incarnarsi in individualità compiute e complesse» d'una narrazione? E perché questa assenza, questa manchevolezza dovrebbe restituirci «masse ignoranti e inconsapevoli»? La forza narrativa di quella moltitudine - di quel *coro innumerevole* - sta nella sua indeterminatezza e pure nella sua precisa determinazione. Nel suo incombere sulle nostre stesse vite.

Siamo mai pronti per un'insurrezione?

Appendice I
Terra ai combattenti

«Giugno 1916.
Cara Madre, con il presente cartollino venco a darci notizia che sto bene di salute così spero al ritorno trovare con la presente anche a lei e tutta la nostra famiglia. Dunque cara Madre per fortuna durante il combattimento gli Austriaci ci anno presi tutti prigionieri, e ringraziamo il sommo Iddio che ci troviamo vivi, come pure ci fo sapere che siamo 12 paesani, ci prego di fare coraggio e di non si confondere che speriamo al sommo Iddio che fra breve verra la pace e venire a ribbracciare il loro famiglia. Vi bacio la destra ai miei genitori e abbascio sorelli e fratelli e mi firmo per sempre il suo figlio

Lo Presti Francesco».

Mi chiamo Rindone Vincenzo, classe '99, gli ultimi chiamati della Grande guerra. 69° reggimento Fanteria di marcia, 2° battaglione, 1° reparto Zappatore. Zona di guerra. Altopiano di Asiago. Zappatore – che mi davano dodici soldi a giornata, mentre che gli altri soldati ne prendevano dieci. Scavavo trincee – era il mio mestiere, mi dissero, che ero nato contadino e perciò ero abituato con la zappa. Il più grande di cinque fratelli, uno era Giovanni, l'altro Vituccio, e due femminucce, Lucia e Teresa, restati a casa con mia madre, che mio padre era morto cadendo in uno sdirrupo con la ciuccia. E così piangemmo a lui e pure alla ciuccia. Avevamo un fazzoletto di terra – ma non bastava per tutte le bocche che eravamo e mia madre ci doveva fare la dote alle bambine e io facevo sempre giornate quando si poteva. Ho cominciato a sette anni a travagghiare – a scippare l'erbe, al tempo delle fave, e quand'era il tempo della racina andavo pure lontano fino a Vittoria o pure stavo con le pecore e badavo ai maiali o gli altri armali. Sempre in qualche modo portavo piccioli a mia madre, o pure da mangiare – e ora ci potevo mandare tutta la paga di soldato. Io per la verità mi pensavo che la guerra finiva prima che mi chiamavano, e invece vennero i carabbinieri a casa, e che se non partivo ero disertore e mi mettevano in galera. E dal paese fummo una decina di noi giovani a partire che uno disse come

ci aveva un peso sul cuore – «Ci portano a fareci ammazzare». E ci aveva inzertato.
Così passammo quattro mesi a Palermo, che mi ho insegnato a sparare e buttare le bombe e poi andammo a Siracusa, poi con la tradotta fino a Napoli, poi ancora a Firenze e poi infine sul Carso. E da lì non mi sono mai più movuto – che le licenze dicevano che ce le davano e poi non ce le davano mai. Che io dovevo andare in campagna a lavorare, non è che volevo tornare per scialarmi la minchia. Diciotto mesi ho rimasto senza la licenza. Per la Madre Patria bottana.
I compaesani miei siciliani della Brigata Catanzaro si arribbellarono a Santa Maria La Longa, che è nella provincia di Udine, che pure loro erano stati sul Carso e ci avevano dato il cambio – ma si gonfiavano i coglioni che non facevano niente e tutti i giorni dovevano pulire le latrine e fare le esercitazioni e invece se ne volevano tornare a casa in licenza. Per la campagna, che braccia non ce n'erano. Dicevano che ci toccava. I comandanti avevano messo delle spie, perché sapevano che c'era troppa indisciplina e poi noi siciliani avevamo questa infamia che eravamo i più assai di renitenti e disertori ma non era vero, era che quelli che chiamavano erano emigrati alla Merica. I comandanti dicevano che era colpa dei sobillatori che provocavano l'indisciplina perché volevano fare la rivoluzione come la Russia, e una notte circondarono con i carabbinieri e la cavalleria tutta la zona per arrestare questi sovversivi ma intanto era venuto l'ordine di ritornare al fronte – e i compaesani miei arrubbarono fucili e mitragliatori e spararono sugli ufficiali e sugli altri soldati e si impossessarono delle baracche e allora avevano portato i cannoni e li avevano bombardati. E poi li presero e li fucilarono subito – e la mattina stessa tutta la Brigata partì per il fronte. Questa era la storia delle licenze.

E così questa vita si ha fatto di stare in menzo alla neve, sempre, dura come la pietra, e non solo per scavare trincee ma pure per mettere i cadaveri dei compagni e delli muli che gli austrieci ci bombardavano e ci sparavano con la mitraglia e poi ci abbruciavano vivi con quelle pompe che avevo visto al paese che usavano per la racina ma ora gettavano fiamme di inferno, e ci presero pure con il gas, che la maschera non facevamo nemmeno a tempo a metterla, e ne morivano a centinaia, che poi li dovevamo seppellire, noi zappatori, che non sapevi quale era la carne di mulo e la carne di cristiano, ma a noi il gas non ci prendeva perché eravamo troppo vicini alli nemici e perciò non ce lo tiravano. Quelli che gridavano «Avante Savoia», a quelli li abbruciavano.
Poi, un giorno, dopo Caporetto, venne un grande generale e si fece una adunata e quello generale ci disse che stavamo combattendo per la nostra terra e che il governo aveva deciso che ai soldati ci dava la terra, se ricacciavamo gli austrieci da dove erano venuti e quando tutto sarebbe finito – e che ogni soldato avrebbe avuto una terra sua perché la Madre Patria capiva il sacrificio che stavamo facendo noi contadini e pensava che aveva un debito nei nostri confronti, il fante-contadino, e queste cose di qua. E fu una grande felicità – pure che eravamo ancora sotto il tiro delli nemici, e ci abbracciammo tutti, e io mi abbracciai al tenente Smiraglia, che era compaesano di un paese vicino, di Favara, che era un bravo uomo e cercava sempre di non fareci ammazzare come stupidi, e mi aveva imparato a scrivere, che un poco mi ricordavo di quando guardavo i libri di mia sorella più piccola, e il tempo nelle trincee non ci mancava, tra topi, cimici e pidocchi, che così potevo pure mandare qualche lettera alla famiglia mia per dirci che stavo bene, che ero vivo, che tanto

solo queste parole passava la censura. E allora quando poi ci fermammo sul Piave e facemmo quella grande battaglia, che io mi sono preso pure una medaglia e a mia madre ci mandarono 150 lire, che era una grande ricchezza, noi nel cuore ci avevamo la terra nostra ora, e il pensiero era solo quello, che tornavamo presto a casa, e ci prendevamo la terra – che ora l'aveva detto il governo, che avevamo come una cambiale in tasca da essiggere, e pure quello grande generale Diaz. E io lo avevo sentito con le orecchie mie.
Arrivò il fonegramma che la vittoria era dell'italiani – e io mi cominciai a riempire lo zaino di cose che mi potevano servire, maglie di lane, pantaloni, scarpe, cappotti, che con tutti quelli morti le robbe non mancavano, che poteva essere un cinquanta chili. E con quello arrivai a casa – quindici giorni di viaggio con un calabrese di Villa San Giovanni che era stato zappatore come amme e bestemmiava come un diavolo, una parola e un mannaialamadonna che me l'ha attaccata. E fu una festa grande nella casa nostra e ci siamo fatti i maccheroni col sugo e c'era il pane fresco, che di gallette e scatolette non ne potevo più che solo quello mangiavamo che le strade erano tutte scassate di bombe e muli non ce n'era più per portare il rancio – ma il paese era allutto, perché di quelli dieci che eravamo partiti solo due eravamo tornati. Noi della classe '99 abbiamo pagato più di tutti, perché eravamo giovani e ingenui e gli ultimi arrivati e quegli altri prima di noi, più sperti, sapevano tutti i trucchi per non andare a morire. O che si sparavano nel piede o che si motilavano o che si facevano venire le febbri.
E per questo facemmo l'Associazione Combattenti e Reduci a Campobello, che così tutti noi che eravamo stati soldati potevamo chiedere la terra. Me lo sono insegnato a memoria, la legge: «N. 1614 del 4 ottobre

1917, Norme speciali per la coltivazione dei fondi seminativi abbandonati e non coltivati nel mezzogiorno e nelle isole». E quell'altra del 2 settembre 1919: «N. 1633, articolo 1 – L'occupazione temporanea di terreni sui quali vertano quistioni di usi civici, non può essere disposta che a favore dell'Associazione agraria o dell'Ente che rappresenta gli utenti. La durata della occupazione non può oltrepassare i quattro anni. Il decreto di occupazione non è soggetto a impugnazione. Firmato: il Re». Che per noi sempre la stessa terra era, quella del fondo Xirumi e del fondo Susafa del barone Troylo, la stessa che aveva lavorato e desiderato mio padri, quand'era giovane, prima di cadere nello sdirrupo. Quando era stato il tempo delle affittanze. Dopo dei Fasci. Che Sasà Palombo, trombettiere della fanfaredda del Fascio di Campobello, ancora se li ricordava quei tempi. E ce li aveva raccontati, a noi picciriddi – che ci voleva bene come fossimo sangue suo. Lui, pure il gonfalone teneva, che lo aveva ammucciato e stipato. Terra abbandonata, latofondo incolto, tenuto a pascolo – ma terra buona, saporita, che il barone Troylo se ne stava a Palermo o pure a Napoli. Non quel deserto di polvere che Giollitti aveva fatto una guerra nell'11 con i turchi e gli africani di Libia, illudendoci a noi siciliani che avremmo avuto lì la nostra terra. Che avremmo saziato la nostra fame di terra. Non quella terra di pietre che ci volevano dare i baruni, che già mi era bastato quanto mi ero romputo la schiena a scavare trincee nel ghiaccio che era peggio delle pietre. Pure l'onorevole Napoleone Colajanni, che era siciliano come a noi, di queste parti, ce l'aveva detto agli altri onorevoli che non bisognava limitarsi alla proprietà dello Stato, dei comuni, delle congregazioni di carità. Al demanio. Bisognava estenderlo ai latofondi privati. A Xirumi e Susafa.

A quel punto cominciò un bordello che non finiva più, tra chi diceva che il «diritto di proprietà» era intoccabile e chi bisognava dare piccoli appezzamenti di terra, e chi diceva che dovevano essere vicini ai centri abitati e chi invece lontano, e chi invece che bisogna socializzarla, la terra, e metteva in guardia contro lo spezzettamento, anche perché c'era una questione di strade, di acqua potabile, di fabbricati, di bonifiche e perciò di capitali grossi, e si dovevano costituire le cooperative e le banche avrebbero dovuto dare il credito, per le sementi e le macchine, e tu restituivi a rate. Tutto mancava, gli attrezzi, il concime, le sementi – pure i muli mancavano, la guerra s'era sucato tutto. C'era questo parrino di Caltagirone, don Sturzo, che si dava molto da fare – che ci aveva detto a tutti l'autri parrini di uscire dalla sacrestia. Ce l'aveva a morte coi socialisti, anche se lui non era dalla parte dei latofondisti, che era meglio l'enfiteusi, la mezzadria, l'affitto. E aveva fatto le Casse rurali, e organizzava le associazioni contadine, ma metteva assieme quelli che avevano già terra, non i braccianti, non i jurnatari.
E il governo aveva fatto l'Opera nazionale combattenti che teneva una specie di registro di tutta la terra disponibile, che c'erano duecentomila ettari di terra incolta in Sicilia, e di quando tu facevi la domanda, e poi abbisognava presentare tutta la documentazione, che avevi fatto la cooperativa, che era registrata, che avevi le garanzie per potere avere i prestiti e poi c'era una Commissione speciale che decideva con la Prefettura e il Catasto – e passavano mesi e mesi e non succedeva niente. C'erano baruna che prima accettavano di affittare la terra e firmavano le carte e il giorno dopo si rimangiavano tutto e si ricominciava. Noi di Campobello, per dire, avevamo fatto la Lega contadina, che c'era anche il maestro elementare e mastro Bruno, il

barbiere, che ci andava pure Vituccio a impararisi il mestiere, e alla bottega sua ci riunivamo la sera per mettere a posto le carte: si preparavano gli elenchi dei feudi che dovevamo occupare. Pure una bella cooperativa, avevamo fatto: c'erano sessantaquattro soci, e un bel nome: La Perseveranza – che ce lo aveva messo il maestro e ci aveva spiegato che significava. La Lega organizzava qualche protesta e chiedeva al Comune che intervenisse per dare lavoro ai disoccupati e imporre l'imponibile di manodopera agli agrari e per fare qualcosa contro il carovita. Tutto l'autunno 1919 passò così. E pure l'anno dopo, il 1920. Non c'era paese che non s'era formata una lega e non c'era paese che non c'era una lotta – io ci ho ancora qua il «Giornale di Sicilia» che raccontava una di queste cose, che siccome sapevo leggere ce lo leggevo a tutti. Ecco qua, 25 luglio 1920: «Per deliberazione presa ieri sera, questa mattina di buon'ora, una massa di contadini con bandiera e fanfara è partita a pigliar possesso dell'ex-feudo San Giorgio. L'agitazione risale al tempo dei Fasci dei lavoratori non essendosi i signori feudatari, che assorbono tutta la proprietà di una vastissima periferia attorno a Siculiana, mai degnati di attenuare il malcontento di questa popolazione agricola, dando direttamente ai contadini uno dei tanti feudi di loro proprietà. Essi li diedero invece sempre in gabella a grossi speculatori gabelloti che si arricchivano alle spalle del misero contadino costretto a lavorare la terra per conto di altri con onerosi patti di metateria. L'epilogo delle agitazioni, come il nodo al pettine, è arrivato oggi alla sua soluzione. Il contadino, stanco di attendere le lunghe promesse, fidente nella sua forza e nel suo diritto, s'impossessò della tanto agognata terra. Compiuta l'occupazione e dopo le constatazioni eseguite dalla commissione prefettizia nelle ore pomeridiane di ieri, i contadini ritornarono in paese dove una fiumana di popolo li attendeva alle porte dell'abitato con la banda musicale. Una interminabile ovazione accolse l'arrivo della grande cavalcata».

Ma i carabbinieri sparavano di nuovo. A Terranova, il 5 ottobre i contadini erano entrati in agitazione per l'assegnazione diretta dei fondi della principessa Pignatelli di Palermo. Nello stesso giorno furono arrestati venti dimostranti, e i carabbinieri si misero a difesa dei feudi. La popolazione era malcontenta. Il 9 ottobre, una folla di circa seimila persone si incamminò verso la caserma dei carabbinieri per chiedere la scarcerazione dei compagni arrestati. La forza pubblica reagì con il fuoco. Tre furono i morti, sette i feriti. A Riesi, l'8 ottobre mille contadini si misero in corteo verso il feudo Palladio, con l'intenzione di occuparlo e di chiederne la concessione. Arrivati sul posto, vi trovarono schierate le forze dell'ordine, armate. A quel punto, i contadini ritornarono in paese. Però, invece di ritirarsi nelle proprie case, si riunirono in piazza, e c'erano bbuci e comizi. Il comandante di P.S. intimò di sciogliere l'adunata, ma i contadini ci risposero che si sarebbero allontanati solo quando le forze di polizia fossero state ritirate. Allora si sentirono suonare i tre squilli di tromba. I paesani reagirono lanciando sassi contro le truppe, e queste aprirono il fuoco. Venti morti ci furono e una cinquantina di feriti. Le stragi non si erano mai fermate, in Sicilia.

Io di giorno mi ero rimesso a fare il bracciante che non sapevo stare fermo e le bocche da sfamare sempre quelle erano e poi braccia buone ce n'erano poche che pure di quelli che erano tornati vivi a chi ci mancava un braccio a chi una gamba e non è che potevi zappare con le stampelle e li mettevano a fare cose negli uffici. Lì era pieno di imboscati, gente che era

riuscita a ottenere lessonero e si era fatta i piccioli con il mercato nero.
Un compare di San Giovanni di mio padre se n'era andato alla Merica per cinque anni e aveva lavorato come una bestia e messo da parte tanti piccioli che si fece avanti per accattarisi un pezzo di terra. Alcuni baroni vendevano, perché si stavano prendendo di paura che ci sarebbe stata la rivoluzione come la Russia e il valore della terra era sceso e i dollari americani invece valevano assai – ma noi dove li prendevamo i piccioli? C'era chi faceva buoni affari, don Liborio il sensale era sempre impegnato e riceveva le persone al suo tavolino fisso al caffè della piazza e poi andava al Circolo dei nobili – e questa era la vita sua, di qua a là della piazza, e speculava da una parte e speculava dall'altra e la terra migliore se la prendeva lui. La terra passava di mano. Non a tutti ci andava bene – io me li ricordo sempre i tre fratelli Puleo, tre armuari di giovanotti, grandi lavoratori e risparmiatori che faticavano come muli per mettirisi i soldi da parte e accattarisi 'a terra: alla banca li mettevano. E la banca fallì e tutti i risparmi svanirono e si trovarono più morti di fame di prima. E se ne andarono pure loro alla Merica. Questa vita si faceva.
Ma noi che eravamo tornati dalla guerra non eravamo più gli stessi di prima – troppe cose avevamo visto, troppo assai avevamo capito. Troppi morti ci eravamo lasciati dietro. E per cosa, per farici più ricchi ai ricchi? Pi livarinni 'a coppola comu prima dinanzi 'e gnuri? Mannaialamadonna – no. Terra ce n'è tanta, tutta intorno a noi – e a noi ci attocca. Neanche più l'affittanza ci bastava. Volevamo la terra buona.
Così, occupammo le terre. Partivamo all'alba, con le zappe e i muli, con le femmine e i picciriddi. Portavamo le bandiere, Sasà Palombo aveva tirato fuori dal

baulle quella del Fascio ma c'era pure quella tricolore dell'Associazione combattenti. E le piantavamo nel mezzo della terra. Noi che eravamo pratici, ci mettevamo con i fucili a vedetta, che facevamo i turni di guardia e sapevamo la disciplina, pure che non c'era più nessun generale che ci comandava. Si lavorava, ci buttavamo il sudore, ma a sera eravamo felici, pure che mangiavamo fave e fichidindia. C'era chi aveva portato l'organetto e chi il tamburo e Sasà aveva lucidato la tromba. Terra ai contadini – aveva detto il governo e pure quello grande generale. C'erano pure le leggi, firmate dal re. E noi, terra ai contadini facevamo. Fu per quello che gli agrari latofondisti ci scatenarono addosso prima i carabbinieri, poi i gabelloti mafiosi. E poi ancora le camicie nere. Tutti 'nsèmmula, troppi assai erano.

E la terra ai contadini ce l'abbiamo scordata. E Xirumi e Susafa, sempri 'e baruna ci restaru.

Bibliografia minima

Vincenzo Rabito, *Terra matta*, Einaudi, Torino, 2007; Claudio Staiti, *«Vedi dunque che il caso è molto grave». Lettere di familiari a sospettati di diserzione nella Grande Guerra: tre esempi siciliani*, «HUMANITIES», anno V, numero 9, Gennaio 2016; Luigi Einaudi, *I contadini alla conquista della terra, 1929-930*, «Rivista di storia economica», IV, 1939, n. 4; Francesco Di Bartolo, *«La terra è dei combattenti». I «programmi» di redistribuzione della terra (1915-1918)*, «Mediterranea», Anno VI – Agosto 2009; Francesco Nitti, *La guerra e la realtà dell'ora presente. Discorso pronunciato alla Camera dei Deputati il 20 ottobre 1917*, Roma, 1917; Antonio Cicala, *Il movimento contadino in Sicilia nel primo dopoguerra (1919-1920)*, «Incontri meridionali», 3-4, 1978; Giuseppe Giarrizzo, *Lotte e movimenti contadini dalla fine della prima guerra mondiale alle leggi fondiarie*, «Annali dell'Istituto Alcide Cervi», 1/1979; Giuseppe Miccichè, *Dopoguerra e fascismo in Sicilia*, Editori Riuniti, Roma, 1976; Giuseppe Barone, *La cooperazione agricola dall'età giolittiana al fascismo*, in Orazio Cancila (a cura di), *Storia della cooperazione siciliana*, I.R.C.A.C., Palermo, 1993; Giuseppe Barone, *Ristrutturazione e crisi del blocco agrario. Dai fasci siciliani al primo dopoguerra*, in Giuseppe Barone et al., *Potere e società in Sicilia nella crisi dello Stato liberale*, Pellicanolibri, Catania, 1977; Enrico La Loggia, *Il movimento cooperativo agricolo in Sicilia. Contributo storico, statistico, documentale*, Federazione siciliana delle coperative, Girgenti, 1914.

Appendice II
Come una guerra

«La storia che racconterò, ascoltatemi, è fatta anche di suoni e di rumori come il frastuono delle armi e lo scalpiccio dei cavalli. Però dovete sapere che le parole alzano le pietre dello scandalo. Per questo sono qui e canto».

BEATRICE MONROY, *Portella della Ginestra. Indice dei nomi proibiti*

Di sposa mi volli vestire, perché mi maritavo alla terra
L'abito antico di pizzo presi dal baule e pure il velo mi misi
Vedova ero, e il nero portavo, il medaglione con la foto di Rocco al petto
Ma quello era giorno di festa, era giorno di splendore e di luce
Di voci e di canti, di speranze e bandiere, di fatica felice
Occupavamo le terre dei baroni, chi poteva crederlo mai
Noi contadini, che eravamo niente, polvere
Noi contadini, che eravamo la semenza del mondo.

Prima dell'alba ci alzammo, 'nto scuru, ma quello era costume
Di stiddi 'e stiddi – questa era la misura della giornata
A casa ciascuno preparò il suo fazzoletto rosso a quadri bianchi
Pane, fave, cipolla, finocchietti, qualche oliva, chi ne aveva un po' di formaggio e uova
E bumbuli d'acqua del pozzo, per la pausa e il ristoro, il sole bruciava le carni
Bussavamo piano al vicino, per svegliarci l'uno con l'altro
A piccoli gruppi lasciavamo il paese verso il pianoro
Lì ci ritrovammo, ci mettemmo in cammino in silenzio, e iniziammo la Storia.

Davanti le donne, le maritate e le schette, con i bambini per mano, figli e fratelli
Poi gli uomini, con le zappe e i picconi, la terra era dura, sassi e pietraie
Quello ci lasciavano i baroni dopo i decreti Gullo del '44 e le riforme
Sassi e pietraie, che le terre buone se le tenevano con cause e cavilli
Intestandole a parenti, figli, generi e cognati, campieri fidati
O le lasciavano a pascolo e non si potevano toccare
Ma neppure loro sapevano quanta e quale terra avessero
Noi sì, ogni metro sapevamo, ogni cespuglio, ogni albero, ogni zolla.

C'era la fanfaredda pure, con gli ottoni e i tamburi, e il maestro
Avanti popolo bandiera rossa bandiera rossa trionferà
Ma 'a 'za Caterina anche a Santa Rita si volle portare con tutta la teca di vetro
Che la voleva mettere al centro del feudo – non c'era verso: Ci proteggerà, disse
E dietro a tutti stavano i muli, alti e robusti che quelle terre volevano forza
E una coppia di buoi ci portammo, con l'aratro a chiodo che quello avevamo ancora
Andavamo lenti, come fosse un esodo, attraversavamo il deserto
Anche creature ci sono, che le madri allattano al seno, verso la terra promessa di latte e miele.

Paura ce n'era – avevano ucciso e ammazzato, i mafiosi, i soldati, i campieri

Sangue nostro che si faceva secco al sole
E certe volte neanche il corpo trovavamo, lo buttavano nelle crepe della terra
«Dov'è Rizzotto» – aveva gridato Di Vittorio a Palermo, do-ve-è-Riz-zot-to?
Mentre ingoiavamo le lacrime e recitavamo il rosario dei caduti
E avevano bruciato le camere del lavoro e le leghe e strappato le bandiere
Venivano in casa la notte, i mafiosi – «Non andate domani»
E il prete pure «Non andate domani» e il maresciallo pure «Non andate domani».

Ma domani è oggi. E paura non abbiamo, che non c'è più posto
Per la paura nei nostri cuori gonfi di dolore, e ora conosciamo la speranza
Il sole adesso è alto, sembriamo un lungo serpente nero che attraversa i campi
Quanti saremo? Centinaia e centinaia, uomini e donne, giovani e vecchi
Ah, i vecchi – I ricchi e i poveri li ha fatti Dio e nessuno può farci nulla
Questo dicevano i vecchi. E anche – Siamo nati per lavorare
E ancora – Voi siete pazzi, che ve ne farete di quelle terre?
E ancora – Non putemu essiri tutti patruni 'nta stissa casa.

Avevano fatto e perso le loro battaglie – Ma noi ora abbiamo la legge, rispondevamo.
Noi siamo andati nei feudi dei marchesi e dei baroni – a Susafa, Alberè, Fichera

E abbiamo diviso a sessanta e quaranta, col tummino – 'u frummentu si sparti ca liggi
E abbiamo fatto lo sciopero a rovescio – andando a seminare la terra
Quand'era tempo suo, per avere l'imponibile di manodopera, pure che era malannata
E cannizza chini di racina, abbiamo riempito
'U Signuri vi benedici e vi pruteggi – ci dicevano i contadini
E ci hanno ammazzato e ucciso – i mafiosi, il maresciallo, i preti, i baruni, tutti 'nsemmula.

In nome della legge, fermatevi – ci urlava il maresciallo
In nome della costituzione, lavoriamo – ci gridavamo noi
Non avevamo scarpe – i piedi e le gambe fasciate in vecchi stracci
Non avevamo pensione, indennità di disoccupazione, assistenza malattia
I vecchi – li mettevamo seduti davanti le porte, a aspettare la morte
I bambini – crescevano selvatichi o li mandavamo in miniera
Ancora nel 1962 c'erano i carusi nelle zolfare, nel 1962
A Milano c'era il miracolo, a noi nessuno ci aveva fatto mai la grazia.

Facevamo chilometri per andare a lavorare 'a terra di baruni
Du luni 'o sabato – ma certe volte se era malu tempu neppure tornavamo a casa
Ci buttavamo a dormire sulla paglia nelle stalle con le bestie
E la mattina ci trovavamo sporchi di piscio e di merda
Alla sera ci davano da mangiare un piatto di fave lessate senz'olio, un bicchiere di vino

A lume di petrolio 'u zu Gualtiero ci raccontava le storie
Dei paladini di Francia, che mille e mille volte s'era letto quell'unico libro
E i carretti ne avevano 'i masciddara, le fiancate dipinte – ah, Gano di Magonza, tradisti!

La carne – la mangiavamo due volte all'anno, a Carnevale e a Natale
Niente da rimpiangere
Cucinavamo a carbone, che eravamo sempre intossicati
Niente da rimpiangere
Piatti e pentole tutto di coccio, che si rompeva e si ricuciva col filo di rame
Niente da rimpiangere
E le galline le tenevamo con noi, ci davamo nomi, Ciccilla Saruzza Tanina, piu piu
Niente da rimpiangere.

Sotto i mandorli in fiore, qualcuno diceva parole semplici, parole nuove
Giustizia, Sicilia, Libertà
Pure la terra sembrava a festa – la terra è di chi la lavora!
Si scavano le fosse per le nuove piante – questa è terra buona, diventerà un giardino
Si può trasformare a oliveto, a mandorleto, a vigneto – questa terra è nostra!
Gli uomini zappavano, i fimmini a trippiari, saltando di qua e di là
Eravamo contenti, pure le bandiere sembravano contente
Prima alle bandiere spararono, poi abbassarono il tiro.

Uomini e bestie, madri e picciriddi – cadevano a terra come pupi coi fili tagliati

Alzati Mariuzza, isati papà, isati mammiceddha beddha
Dal cielo veniva una pioggia di fuoco, la conca era un lago di sangue
Sangue sulla terra, sangue sulle mani, sangue sul pane
Non avevamo riparo, non avevamo scampo – eravamo al macello
Qualcuno si inginocchiò a pregare – o Santa Rita, proteggici
Avevano bruciato le sementi, dato fuoco alle stalle, sgozzate le capre, devastati i raccolti
E ci hanno ammazzato e ucciso – i mafiosi, il maresciallo, i preti, i baruni, tutti 'nsemmula.

Un seculu di guerri, un seculu di stragi: c'è ossa di siciliani
vrudicati nte diserti, nta nivi, nto fangu di ciumi:
c'è sangu di sulfarara, di zappatura, di matri scheletri
e picciriddi sparati nte chiazzi da Sicilia.
E fu aeri, (a data non cunta)
io vitti chianciri i matri nto Chianu da Purtedda,
e Saveria Megna addinucchiata supra l'erba
parrari cu so figghiu ammazzatu.[62]

Ma quel giorno seminammo che non bastò tutto il grano raccolto dell'inverno
Misuravamo la terra col metro, un ettaro a testa – questo avevamo deciso
Non putemu essiri tutti patruni 'nta stissa casa
Il più ardito era il presidente dell'Associazione combattenti con la sua bandiera

[62] Ignazio Buttitta, *Un Seculu di storia*: «Un secolo di guerre, un secolo di stragi: ci sono ossa di siciliani / seppelliti nei deserti, nella neve, nel fango dei fiumi / c'è sangue di zolfatari, di zappatori, di madri scheletrite / e bambini sparati nelle piazze di Sicilia. / E fu ieri (la data non importa) / che ho visto piangere le madri al Piano di Portella / e Saveria Megna inginocchiata sull'erba / che parlava con il figlio ammazzato».

Che si trascinava dietro la sua gamba ferita della Prima guerra
Chi aveva l'aratro arava, chi aveva la zappa zappava
E a ora di mangiare si stesero i fazzoletti a terra, si divideva il pane
E i santi sembravano scesi sulla terra, che baciavamo, ero sposa di nuovo.

E tutto questo poi non servì a niente, tutto quel sangue, tutta quella fatica, tutto quel coraggio
A Ribera la gestione collettiva fallì subito, le cooperative si sfasciavano
Mancava l'acqua, mancavano le strade, mancavano i concimi, mancavano i soldi
I latifondisti vendevano gli avanzi, terra come ossa spolpate
Ma i contadini compravano – cu vinni scinni, dicevano, e non era vero
La terra si conquista o si acquista? Sempri terra è, l'importante è averla, e non era vero
Si indebitavano fino al collo, con mutui salati che non potevano onorare
Sembrava che andavamo avanti e andavamo indietro, e sempre allo stesso punto eravamo.

Mangiammo carcere, a secoli, processi e condanne, l'Ucciardone era casa nostra
Quando tornammo, cercammo i segretari delle Leghe – È partito la settimana scorsa
I minatori furono i primi a partire, in Belgio e in Francia aprivano miniere
Avevamo cuore ma ci mancava la scienza – trasformare vuol dire irrigare
Fava-grano, fava-grano-avena-orzo, sulla-sulla-grano-grano

Andavamo a Stoccarda, Saarbrucken, Zurigo, Torino
Perdemmo tutti, noi più di tutti, la Sicilia si svuotava delle nostre braccia, della nostra forza
La Sicilia cambiò per sempre, il mondo intorno cambiò per sempre – ristò senza simenza.

Bibliografia minima

Giuliana Saladino, *Terra di rapina*, Sellerio, Palermo, 2001; Franco Pezzino, *Il lavoro e la lotta*, CUECM, Catania, 1987; Francesco Renda, *Il movimento contadino in Sicilia*, De Donato, Bari, 1976; Enzo Macaluso, *I comunisti e la Sicilia*, Editori Riuniti, Roma, 1970; Gisella Modica, *Falce, martello e cuore di Gesù*, Stampa Alternativa, Viterbo, 2000; Irene Abbate et al., *Alle terre! Alle terre!*, Stampa Alternativa, Roma, 2000; Giovanni Altamore, *Anni di lotta*, CUECM, Catania, 1990; Pio La Torre, *Lotte agrarie in Sicilia dal 1944 al 1955*, in «Quaderni Siciliani», 2, 1973; Emilio Sereni, *La questione agraria e la rinascita nazionale*, Einaudi, Roma, 1946; Manlio Rossi Doria, *Riforma agraria e azione meridionalistica*, Edizioni agricole, Bologna, 1948; Gabriele Montalbano, *La repressione del movimento contadino in Sicilia (1944-1950)*, in «Diacronie» (online), n. 12, 2012.

Questo volume è stato stampato
su carta Arena Ivory Smooth
delle Cartiere Fedrigoni
nel mese di maggio 2025

Stampa: Officine Grafiche soc. coop., Palermo

Legatura: LE.I.MA. s.r.l., Palermo

La nuova diagonale

1 Karl Kerényi. Corrispondenza con Hermann Hesse
2 Corrado Alvaro. Cara Laura
3 Nico Perrone. De Gasperi e l'America
4 Stanislaw M. Ulam. Avventure di un matematico
5 Diana De Rosa. Il baule di Giovanna. Storie di abbandoni e infanticidi
6 Ursula Burkowski. Pianto nell'oscurità
7 Hans Sahl. L'esilio nell'esilio
8 Riccardo Faucci. L'economista scomodo
9 La famiglia Schopenhauer
10 Renzo Segre. Venti mesi
11 Louise d'Épinay e Ferdinando Galiani. Epistolario (1769-1782)
12 Domenico Rosati. Biografia del centrosinistra
13 Carla Pekelis. La mia versione dei fatti
14 Antonio Gramsci. Lettere dal carcere
15 Sebastiano Aglianò. Che cos'è questa Sicilia?
16 Richard Price. Considerazioni sull'importanza della rivoluzione americana
17 George Cornewall Lewis. Qual è la miglior forma di governo?
18 Renzo Tomatis. La rielezione
19 Anonimo napoletano. Garibaldi o La conquista delle Due Sicilie
20 Angelo Morino. Il cinese e Marguerite
21 AA.VV. L'alba della Sicilia
22 Elio Schmitz. Diario
23 Julie de Lespinasse. Lettere d'amore
24 Peggy Pond Church. A cena da Edith
25 Regula Engel. Memorie di una amazzone in epoca napoleonica
26 Un'attrice e il suo tempo. Lettere di Adrienne Le Couvreur. 1720-1730
27 Tra amiche. La corrispondenza di Hannah Arendt e Mary McCarthy. 1949-1975
28 Ugo Martegani. Il cappello del banchiere
29 Un'amicizia senza corpo. La corrispondenza Parisot-Savinio. 1938-1952
30 Enzo Carra. Il caso Citaristi
31 Giuseppe Majorana. Il Grand Tour. Lettere alla famiglia. 1890

32 Carlo Broschi Farinelli. La solitudine amica. Lettere al conte Sicinio Pepoli
33 Richard J. Evans. In difesa della storia
34 Ersilia Salvato. Parole del mio tempo
35 François Fejtö - Maurizio Serra. Il passeggero del secolo
36 Francesco Ingrao. La bandiera degli elettori italiani
37 Vittorio Nisticò. Accadeva in Sicilia. Gli anni ruggenti dell'«Ora» di Palermo
38 Hans Gustav Keller. La «Giovine Europa». Studio sulla storia dell'idea federalistica e di quella nazionale
39 Konstantin Michailović di Ostrovica. Cronaca turca ovvero Memorie di un giannizzero
40 Helen Langdon. Caravaggio
41 Heinrich Neuhaus. Riflessioni, memorie, diari
42 Beppe Benvenuto. Elzeviro
43 Cinzio Violante. Le contraddizioni della storia. Dialogo con Cosimo Damiano Fonseca
44 Maurizio Serra. L'inquilino del Quai d'Orsay
45 Gianni Parisi. Storia capovolta
46 Barrington Moore Jr. Le origini religiose della persecuzione nella storia
47 Gianni Puglisi, Paolo Proietti. Le città di carta
48 Angélique Arnauld. Relazione su Port-Royal
49 Marcel Reich-Ranicki. La mia vita
50 Roger Caillois, Victoria Ocampo. Corrispondenza. 1939-1978
51 Enzo Ferrieri. Sul filo della memoria
52 Bobo Craxi, Gianni Pennacchi. Ruote El Fawara Hammamet
53 Sara Cabibbo. Santa Rosalia tra terra e cielo
54 Maria Occhipinti. Una donna libera
55 Lettere dall'Europa. Un secolo di corrispondenza al femminile
56 Beppe Benvenuto. La malinconia del critico
57 Rachele Ferrario. Lo scrittore che dipinse l'atomo. Vita di René Paresce da Palermo a Parigi
58 Edmond de Goncourt. La casa di un artista
59 Maria Grazia Accorsi. Personaggi letterari a tavola e in cucina
60 Maria José de Lancastre. Con un sogno nel bagaglio. Un viaggio di Pirandello in Portogallo
61 Enzo Roggi. Le autoblinde del Formalismo
62 Gioacchino Volpe. Lettere dall'Italia perduta. 1944-1945
63 Joseph Addison, Richard Steele. Parlando di donne. Lettere a un quotidiano inglese del '700
64 Anatole France. Il Castello di Vaux-le-Vicomte
65 François Fejtö. Dio, l'uomo e il diavolo
66 Beppe Benvenuto. A margine
67 Elisabetta Grande. Il terzo strike. La prigione in America
68 Piero Violante. Eredità della musica
69 Francesco Renda. Autobiografia politica
70 Maria Grazia Accorsi. Frittate d'autore
71 Marco Follini. La volpe e il leone. Etica e politica nell'Italia che cambia
72 Silvia Rosselli. Gli otto venti

73 Andrea Vitello. Giuseppe Tomasi di Lampedusa
74 Anthony Trollope. Un'autobiografia
75 Giovanni Iudica. Il principe dei musici. Carlo Gesualdo da Venosa
76 Simone Candela. I Florio
77 Piero Violante. I papillons di Brahms
78 Carlo Muscetta. L'erranza. Memorie in forma di lettere
79 François Fejtö. Ricordi. Da Budapest a Parigi
80 Giovanni Iudica. La Valle del Vecchio
81 Antonio Calabrò. Cuore di cactus
82 John Soane. Per una storia della mia casa
83 Edmond e Jules de Goncourt. La donna nel XVIII secolo
84 Giuliana Saladino. Chissà come chiameremo questi anni
85 Tzvetan Todorov. Una vita da passatore. Conversazione con Catherine Portevin
86 Alexander Langer. Il viaggiatore leggero. Scritti 1961-1995
87 Giovanni Maccari. Gli occhiali sul naso. Vita romanzesca dello scrittore Isaak Babel' e dei suoi anni tempestosi
88 Giovanni Iudica. Il cappello dell'ammiraglio
89 Davide Camarrone. I Maestri di Gibellina
90 Brunella Diddi, Stella Sofri. Roma 1849. Gli stranieri nei giorni della Repubblica
91 Ilma Rakusa. Il mare che bagna i pensieri
92 Giacomo Debenedetti. Preludi. Le note editoriali alla «Biblioteca delle Silerchie»
93 Luca Scarlini. Il Caravaggio rubato. Mito e cronaca di un furto
94 Masolino d'Amico. Persone speciali
95 Ildegarda di Bingen. Cause e cure delle infermità
96 Gian Biagio Conte. Memoria dei poeti e sistema letterario. Catullo, Virgilio, Ovidio, Lucano
97 Varian Fry. Consegna su richiesta. Marsiglia 1940-1941. Artisti, dissidenti ed ebrei in fuga dai nazisti
98 Klaus Wagenbach. La libertà dell'editore. Memorie, discorsi, stoccate
99 Aleksander Wat. Il mio secolo. Memorie e discorsi con Czesław Miłosz
100 Salvo Licata. Storie e cronache della città sotterranea
101 Francesca Sgorbati Bosi. Guida pettegola al Settecento francese
102 Danilo Dolci. Inchiesta a Palermo
103 Claudio Strinati. Il mestiere dell'artista. Dal Trecento al Seicento
104 Antonio Riccardi. Cosmo più servizi. Divagazioni su artisti, diorami, cimiteri e vecchie zie rimaste signorine
105 Pier Luigi Vercesi. Ne ammazza più la penna. Storie d'Italia vissute nelle redazioni dei giornali
106 Francesca Sgorbati Bosi. Guida pettegola al teatro francese del Settecento
107 Promessi sposi d'autore. Un cantiere letterario per Luchino Visconti
108 La Mecca rivelata. Avventure di esploratori europei nelle città sacre dell'Islam
109 Andrea Camilleri. Il quadro delle meraviglie. Scritti per teatro, radio, musica, cinema

110 Leonetta Cecchi Pieraccini. Agendine 1911-1929
111 Uwe-Karsten Heye. I Benjamin. Una famiglia tedesca
112 Walter Kempowski. Lei ha mai visto Hitler?
113 Gianni Sofri. Gandhi fra Oriente e Occidente
114 Franco Farinelli. L'invenzione della Terra
115 Achille Occhetto. Pensieri di un ottuagenario. Alla ricerca della libertà nell'uomo
116 Antonio A. Santucci. Antonio Gramsci 1891-1937
117 Edmond e Jules de Concourt. Storia di Maria Antonietta
118 Heinrich Neuhaus. L'arte di suonare il pianoforte
119 Francesca Sgorbati Bosi. A tavola coi re. La cucina ai tempi di Luigi XIV e Luigi XV
120 Pierre Bayard. Sarei stato carnefice o ribelle?
121 Demetrio Volcic. 1968. L'autunno di Praga
122 Achille Occhetto. La lunga eclissi. Passato e presente del dramma della sinistra
123 Luigi Saraceni. Un secolo e poco più
124 Robert Menasse. Un messaggero per l'Europa.
125 Marco Follini. Democrazia Cristiana. Il racconto di un partito
126 Francesca Sgorbati Bosi. Non mi attirano i piaceri innocenti. Costumi scandalosi nella Parigi del Settecento
127 Michele Perriera. Uno scrittore in redazione. Articoli, cronache, critiche, commenti di vita culturale. «L'Ora» 1961-1992
128 Piero Violante. Lo spettatore musicale
129 Richard Greene. Roulette russa. La vita e il tempo di Graham Greene
130 Salvatore Silvano Nigro. Una spia tra le righe
131 Gianfranco Spadaccia. Il Partito Radicale. Sessanta anni di lotte tra memoria e storia
132 Federico Maria Sardelli. Il volto di Vivaldi
133 Michele Battini. «Andai perché ci si crede». Il testamento dell'anarchico Serantini
134 Maria Sofia Messana. Inquisitori, negromanti e streghe nella Sicilia moderna (1500-1782)
135 Giacomo Cardinali. Il giovane Mozart in Vaticano. L'affaire del *Miserere* di Allegri
136 Paola Cosmacini. La ragazza con il compasso d'oro. La straordinaria vita della scienziata Émilie du Châtelet
137 Francesca Sgorbati Bosi. Nobili contraddizioni. Vizi e virtù dell'aristocrazia inglese del Settecento
138 Demetrio Volcic. A cavallo del muro. I miei giorni nell'Europa dell'Est
139 Roberto Deidier. Le forme del tempo. Miti, fiabe, immagini di Italo Calvino
140 Maurizio Carta. Romanzo urbanistico. Storie dalle città del mondo
141 Marco Meschini. Le pietre e la luce. La cattadrale del Medioevo
142 Francesca Sgorbati Bosi. Guida pettegola al Settecento inglese